DER MENSCH UND DIE TECHNIK

Copyright 2012 by Arktos Media Ltd, London.

Alle Rechte vorbehalten.

Die originalausgabe erschien 1931 im Verlag C. H. Beck, München.

ISBN 978-1-907166-72-3

Umschlagmotiv: "Faithful unto Death" von Sir Edward John Poynter

Umschlaggestaltung: Andreas Nilsson

ARKTOS MEDIA LTD

w w w . a r k t o s . c o m

OSWALD SPENGLER
DER MENSCH UND DIE TECHNIK

DER MENSCH UND DIE TECHNIK

BEITRAG ZU EINER PHILOSOPHIE DES LEBENS

VON

OSWALD SPENGLER

VORWORT

Ich lege auf den folgenden Seiten eine kleine
Anzahl von Gedanken vor, die ich einem größeren Werk entnommen habe, an dem ich seit Jahren arbeite. Es war meine Absicht, die Betrach-
tungsweise, welche ich im „Untergang des Abendlandes“ ausschließlich auf die Gruppe der hohen
Kulturen angewandt hatte, nun an deren histo-
rischer Voraussetzung, der Geschichte des
Menschen von seinem Ursprung an, zu er-
proben. Ich habe bei jenem Werk die Erfahrung
gemacht, daß die meisten Leser nicht imstande
sind, den Überblick über die ganze Gedankenmasse
zu behalten, daß sie sich deshalb in die ihnen ge-
läufigeren Einzelgebiete verlieren und das übrige
schief oder gar nicht sehen und infolgedessen ein
falsches Bild gewinnen sowohl von dem, was ich
sagte, als von dem, wovon es gesagt war. Es ist
nach wie vor meine Überzeugung, daß man das
Schicksal des Menschen nur verstehen wird, wenn
man alle Gebiete seines Wirkens zugleich, ver-
gleichend, betrachtet und nicht den Fehler be-
geht, etwa von der Politik, der Religion oder der
Kunst allein aus einzelne Seiten seines Daseins
zu erleuchten in dem Glauben, damit alles er-

schlossen zu haben. Trotzdem wage ich den Versuch, hier eine kleine Anzahl von Fragen zu stellen, die in sich zusammenhängen und deshalb wohl geeignet sind, einen vorläufigen Eindruck von dem großen Geheimnis des Menschenschicksals zu gewähren.

INHALT

Verfahren und Mittel, Kampf und Waffe. Entwicklung und Vollendung. Vergänglichkeit als Form des Wirklichen.

Der Mensch ein Raubtier. Beute sein und Beute machen. Die Bewegung als Flucht oder Angriff. Das Raubtierauge und seine Welt. Unveränderliche Gattungstechnik der Tiere und erfinderische Technik des Menschen.

Die Hand als Tast- und Tatorgan. Trennung von Herstellung und Gebrauch der Waffe. Befreiung vom Zwang der Gattung. „Denken des Auges" und „Denken der Hand". Mittel und Zweck. Der Mensch als Schöpfer. Die Einzeltat. Natur und „Kunst". Die menschliche Technik künstlich. Mensch gegen Natur: Die Tragödie des Menschen.

Das Tun zu mehreren. Seit wann gibt es ein Sprechen in Worten? Zweck des Sprechens: das Unternehmen zu mehreren. Zweck des Unternehmens: die Steigerung menschlicher Macht. Trennung von Denken und Hand: Führerarbeit und ausführende Arbeit. Köpfe und Hände: Rangunterschied der Begabungen. Organisation. Organisiertes Dasein: Staat, Volk, Politik, Wirtschaft. Technik und Menschenzahl. Persönlichkeit und Masse.

Wikinger des Geistes. Experiment, Arbeitshypothese, Perpetuum mobile. Sinn der Maschine: die anorganischen Kräfte der Natur zur Arbeit gezwungen. Industrie, Reichtum und Macht. Kohle und Menschenzahl. Mechanisierung der Welt. Symptome des Verfalls: Abnahme der Führernaturen. Meuterei der Hände. Verlust des Monopols der Technik. Die farbige Welt. Ende.

DIE TECHNIK
ALS TAKTIK DES LEBENS

1

Das Problem der Technik und ihres Verhältnisses zu Kultur und Geschichte taucht erst im 19. Jahrhundert auf. Das achtzehnte hatte mit der gründlichen Skepsis, dem Zweifel, welcher der Verzweiflung gleichkommt, die Frage nach Sinn und Wert der Kultur gestellt — eine Frage, die zu weiteren, immer zersetzenderen Fragen führte und damit die Grundlagen der Möglichkeit schuf, im 20. Jahrhundert, heute, die Weltgeschichte überhaupt als Problem zu sehen.

Damals, im Zeitalter von Robinson und Rousseau, der englischen Parks und der Schäferpoesie, hatte man im „ursprünglichen" Menschen selbst eine Art von Schäflein gesehen, friedlich und tugendhaft und später nur durch die Kultur verdorben. Technisches übersah man vollständig und hielt es jedenfalls — moralischen Betrachtungen gegenüber — der Beachtung nicht für wert.

Aber die seit Napoleon ins Riesenhafte wachsende Maschinentechnik Westeuropas mit ihren Fabrikstädten, Eisenbahnen und Dampfschiffen zwang endlich dazu, das Problem ernstlich zu stellen. Was bedeutet Technik? Welchen Sinn innerhalb der Geschichte, welchen Wert im Leben der Menschen, welchen sittlichen oder metaphysischen Rang hat sie? Es gab zahlreiche Antworten darauf, aber sie lassen sich im Grunde auf zwei zurückführen.

Auf der einen Seite waren es die Idealisten und Ideologen, die Nachzügler des humanistischen Klassizismus der Goethezeit, welche technische Dinge und Wirtschaftsfragen überhaupt als außerhalb und unterhalb der Kultur stehend verachteten. Goethe in seinem großen Sinn für alles Wirkliche hatte im zweiten Faust versucht, in die tiefsten Tiefen dieser neuen Tatsachenwelt einzudringen. Aber schon bei Wilhelm von Humboldt beginnt die wirklichkeitsfremde, philologische Ansicht der Geschichte, wonach man schließlich den Rang einer historischen Epoche an der Menge von Bildern und Büchern abzählte, die damals entstanden waren. Ein Herrscher besaß nur dann Bedeutung, wenn er sich als Mäzen bewährte. Was er sonst noch war, kam nicht in Betracht. Der Staat war eine beständige Störung der wahren Kultur, die in Hörsälen, Gelehrtenstuben und Ateliers vor sich ging, der Krieg eine unwahrscheinliche Barbarei aus vergangenen Zeiten und die Wirtschaft

irgend etwas Prosaisches und Dummes, über das
man hinwegsah, obwohl man es täglich in An-
spruch nahm. Einen großen Kaufmann oder Ingenieur neben Dichtern und Denkern zu nennen
war beinahe Majestätsbeleidigung gegenüber der
„wahren“ Kultur. Man sehe sich daraufhin Jakob
Burckhardts „Weltgeschichtliche Betrachtungen“
an. Aber das war der Standpunkt der meisten Ka-
thederphilosophen und selbst vieler Historiker bis
herab zu den Literaten und Ästheten heutiger
Großstädte, welche die Anfertigung eines Romans
für wichtiger halten als die Konstruktion eines
Flugzeugmotors.

Auf der andern Seite stand der Materialismus
von wesentlich englischer Herkunft, die große
Mode der Halbgebildeten in der zweiten Hälfte des
vorigen Jahrhunderts, der liberalen Feuilletons
und radikalen Volksversammlungen, der Marxisten
und der sozialethischen Schriftsteller, die sich für
Denker und Dichter hielten.

Fehlte es jenen an Sinn für die Wirklichkeit, so
diesen in bestürzendem Grade an Tiefe. Das Ideal
war ausschließlich der Nutzen. Was der „Menschheit“ nützlich war, gehörte zur Kultur, war Kultur. Das andre war Luxus, Aberglaube oder Barbarei.

Aber nützlich war, was dem „Glück der Meisten" diente. Und Glück bestand im Nichtstun. Das ist im letzten Grunde die Lehre von Bentham, Mill und Spencer. Das Ziel der Menschheit bestand darin, dem einzelnen einen möglichst großen Teil der Arbeit abzunehmen und der Maschine aufzubürden. Freiheit vom „Elend der Lohnsklaverei" und Gleichheit im Amüsement, Behagen und „Kunstgenuß": das „panem et circenses" der späten Weltstädte meldet sich an. Die Fortschrittsphilister begeisterten sich über jeden Druckknopf, der eine Vorrichtung in Bewegung setzte, die — angeblich — menschliche Arbeit ersparte. An Stelle der echten Religion früher Zeiten tritt die platte Schwärmerei für die „Errungenschaften der Menschheit", worunter lediglich Fortschritte der arbeitersparenden und amüsierenden Technik verstanden wurden. Von der Seele war nicht die Rede.

Das ist nicht der Geschmack der großen Erfinder selbst, mit wenigen Ausnahmen, und auch nicht der Kenner technischer Probleme, sondern ihrer Zuschauer, die selbst nichts erfinden können und jedenfalls nichts davon verstanden, die aber dabei etwas für sich witterten. Und mit dem ganzen Mangel an Einbildungskraft, der den Materialismus aller Zivilisationen kennzeichnet, wird nun

ein Bild der Zukunft entworfen, die ewige Seligkeit
auf Erden, ein Endziel und Dauerzustand unter
Voraussetzung der technischen Tendenzen etwa
der achtziger Jahre — in bedenklichem Widerspruch zum Begriff des Fortschrittes, der den
„Zustand" ausschließt: Bücher wie „Der alte
und neue Glaube" von Strauß, Bellamys „Rück-
blick aus dem Jahre 2000" und Bebels „Die Frau
und der Sozialismus". Kein Krieg mehr, kein
Unterschied mehr von Rassen, Völkern, Staaten,
Religionen, keine Verbrecher und Abenteurer,
keine Konflikte infolge von Überlegenheit und An-
derssein, kein Haß, keine Rache mehr, nur unendliches Behagen durch alle Jahrtausende hin. Solche
Albernheiten lassen heute noch, wo wir die End-
phasen dieses trivialen Optimismus erleben, mit
Grauen an die entsetzliche Langeweile denken —
das taedium vitae der römischen Kaiserzeit —
die sich beim bloßen Lesen solcher Idyllen über die
Seele breitet und in Wirklichkeit bei auch nur teil-
weiser Verwirklichung zu massenhaftem Mord und
Selbstmord führen würde.

Beide Ansichten sind heute veraltet. Das
20. Jahrhundert ist endlich reif geworden, um in
den letzten Sinn der Tatsachen einzudringen,
aus deren Gesamtheit die wirkliche Weltge-

schichte besteht. Es handelt sich nicht mehr darum, nach dem privaten Geschmack einzelner und ganzer Massen die Dinge und Ereignisse im Hinblick auf eine rationalistische Tendenz, auf eigne Wünsche oder Hoffnungen hin zu deuten. An Stelle des „So soll es sein" oder „So sollte es sein" tritt das unerbittliche: So ist es und so wird es sein. Eine stolze Skepsis legt die Sentimentalitäten des vorigen Jahrhunderts ab. Wir haben gelernt, daß Geschichte etwas ist, das nicht im geringsten auf unsere Erwartungen Rücksicht nimmt.

Der physiognomische Takt, wie ich das bezeichnet habe,[1] was allein zum Eindringen in den Sinn alles Geschehens befähigt, der Blick Goethes, der Blick geborener Menschenkenner, Lebenskenner, Geschichtskenner über die Zeiten hin erschließt im einzelnen dessen tiefere Bedeutung.

2

Um das Wesen des Technischen zu verstehen, darf man nicht von der Maschinentechnik ausgehen, am wenigsten von dem verführerischen Gedanken, daß die Herstellung von Maschinen und Werkzeugen der Zweck der Technik sei.

In Wirklichkeit ist die Technik uralt. Sie ist

---

[1] Unterg. d. Abendl. Bd. I Kap. II.

auch nichts historisch Besonderes, sondern etwas
ungeheuer Allgemeines. Sie reicht weit über den
Menschen zurück in das Leben der Tiere, und zwar
aller Tiere. Zum Lebenstypus des Tieres im Unterschied von dem der Pflanze gehört die freie Beweglichkeit im Raum, die relative Willkür und
Unabhängigkeit von der gesamten übrigen Natur
und damit die Notwendigkeit, sich gegen diese zu
behaupten, dem eigenen Dasein eine Art von
Sinn, Inhalt und Überlegenheit zu geben. Nur von
der Seele her läßt sich die Bedeutung des Technischen erschließen.

Denn das freibewegliche Leben der Tiere[1] ist
Kampf und nichts anderes, und die Taktik des
Lebens, ihre Über- oder Unterlegenheit dem „anderen" gegenüber, sei es die lebende oder leblose
Natur, entscheidet über die Geschichte dieses
Lebens, darüber, ob es dessen Schicksal ist, Geschichte von anderen zu erleiden oder selbst für
andere zu sein. Die Technik ist die Taktik
des ganzen Lebens. Sie ist die innere Form des
Verfahrens im Kampf, der mit dem Leben selbst
gleichbedeutend ist.

Das ist der andre Fehler, der hier vermieden
werden muß: Technik ist nicht vom Werkzeug

---

[1] Unterg. d. Abendl. Bd. II Kap. I. Anfg.

her zu verstehen. Es kommt nicht auf die Herstellung von Dingen an, sondern auf das Verfahren mit ihnen, nicht auf die Waffe, sondern auf den Kampf. Und wie im modernen Krieg die Taktik, also die Technik der Kriegführung das Entscheidende ist, und die Techniken des Erdenkens, des Herstellens, der Anwendung von Waffen nur als Elemente des Gesamtverfahrens gelten dürfen, so ist es überall. Es gibt zahllose Techniken ohne irgendwelche Werkzeuge: die Technik eines Löwen, der eine Gazelle überlistet, und die diplomatische Technik. Die Verwaltungstechnik als das In-Form-Halten des Staates für die Kämpfe der politischen Geschichte. Es gibt chemische und gastechnische Verfahren. Es gibt bei jedem Kampf um ein Problem eine logische Technik. Es gibt eine Technik der Pinselführung, des Reitens, der Lenkung eines Luftschiffes. Es handelt sich nicht um Dinge, sondern immer um eine Tätigkeit, die ein Ziel hat. Das wird gerade von der vorgeschichtlichen Forschung oft übersehen, die viel zu viel an die Gegenstände in den Museen denkt, und zu wenig an die zahllosen Verfahren, die vorhanden gewesen sein müssen, aber keine Spur hinterlassen haben.

Jede Maschine dient nur einem Verfahren und

ist aus dem Denken dieses Verfahrens heraus entstanden. Alle Verkehrsmittel haben sich aus dem Denken des Fahrens, Ruderns, Segelns, Fliegens entwickelt und nicht etwa aus der Vorstellung des Wagens oder Bootes. Die Methode selbst ist eine Waffe. Und deshalb ist Technik kein „Teil" der Wirtschaft, so wenig Wirtschaft neben Krieg und Politik ein für sich bestehender „Teil" des Lebens ist. Alles das sind Seiten des einen, tätigen, kämpfenden, durchseelten Lebens. Aber es führt allerdings ein Weg vom Urkrieg früher Tiere zu den Verfahren der modernen Erfinder und Ingenieure, und ebenso von der Urwaffe, der List, zur Konstruktion der Maschine, mit welcher der heutige Krieg gegen die Natur durchgeführt, die Natur überlistet wird.

Man nennt das Fortschritt. Es war das große Wort des vorigen Jahrhunderts. Man sah die Geschichte wie eine Straße vor sich, auf welcher „die Menschheit" tapfer immer weiter marschierte — das heißt im Grunde nur die weißen Völker, das heißt nur die Großstädter unter ihnen, das heißt unter diesen nur die „Gebildeten".

Aber wohin? Wie lange? Und was dann?

Er war etwas lächerlich, dieser Marsch ins Unendliche, nach einem Ziel, an das man nicht ernst-

haft dachte, das man nicht deutlich vorzustellen
suchte, nicht vorzustellen wagte, denn ein Ziel
ist ein Ende. Niemand tut etwas, ohne den Gedanken an den Augenblick, wo er das erreicht hat,
was er wollte. Man führt keinen Krieg, man fährt
nicht zur See, man macht nicht einmal einen Spa-
ziergang, ohne an die Dauer und den Abschluß
zu denken. Jeder wirklich schöpferische Mensch
kennt und fürchtet die Leere, die auf die Vollendung eines Werkes folgt.

Zur Entwicklung gehört die Vollendung —
jede Entwicklung hat einen Anfang, jede Vollendung ist ein Ende —, zur Jugend gehört das Alter, zum Entstehen das Vergehen, zum Leben der
Tod. Das Tier, mit seinem Denken an die Gegen-
wart gebunden, kennt und ahnt den Tod als etwas
Zukünftiges, ihm Drohendes nicht. Es kennt nur
die Todesangst im Augenblick des Getötetwerdens. Der Mensch aber, dessen Denken sich
von dieser Fessel des Jetzt und Hier befreit hat
und über das Gestern und Morgen, das „Einst‟
von Vergangenheit und Zukunft grübelnd hin-
schweift, kennt ihn im voraus, und es hängt von
der Tiefe seines Wesens und seiner Weltanschauung ab, ob er die Furcht vor dem Ende über-
windet oder nicht. Nach einer althellenischen

Sage, die in der Ilias vorausgesetzt wird, war
Achill von seiner Mutter vor die Wahl gestellt
worden, ob er ein langes Leben wünsche oder ein
kurzes voller Taten und Ruhm, und er wählte
das letzte.

Man war — und ist — zu flach und feige, die
Tatsache der Vergänglichkeit alles Lebendigen
zu ertragen. Man wickelt sie in einen rosaroten
Fortschrittsoptimismus, an den im Grunde selbst
niemand glaubt, man deckt sie mit Literatur zu,
man verkriecht sich hinter Idealen, um nichts zu
sehen. Aber Vergänglichkeit, Entstehen und Vergehen, ist die Form alles Wirklichen, von den
Sternen an, deren Schicksal für uns unberechen-
bar ist, bis herab zu dem flüchtigen Gewimmel
auf diesem Planeten. Das Leben des einzelnen
— ob Tier, Pflanze oder Mensch — ist ebenso ver-
gänglich wie das von Völkern und Kulturen. Jede
Schöpfung erliegt dem Verfall, jeder Gedanke, jede
Erfindung, jede Tat dem Vergessenwerden. Überall ahnen wir verschollene Geschichtsläufe von
großem Schicksal. Ruinen gewesener Werke
abgestorbener Kulturen liegen überall vor unsern
Augen. Zur Hybris des Prometheus, der in den
Himmel greift, um die göttlichen Mächte dem Menschen zu unterwerfen, gehört der Sturz. Was soll

uns das Geschwätz von den „ewigen Errungenschaften der Menschheit"?

Die Weltgeschichte sieht sehr viel anders aus,
als selbst unsere Zeit sich träumen läßt. Die Geschichte des Menschen ist, an der Geschichte der
Pflanzen- und Tierwelt auf diesem Planeten ge-
messen, um von der Lebensdauer der Sternenwel-
ten zu schweigen, kurz, ein jäher Aufstieg und Fall
von wenigen Jahrtausenden, etwas ganz Belang-
loses im Schicksal der Erde, aber für uns, die wir
da hineingeboren sind, von tragischer Größe und
Gewalt. Und wir Menschen des 20. Jahrhunderts
steigen sehend hinab. Unser Blick für Geschichte,
unsere Fähigkeit, Geschichte zu schreiben, ist ein
verräterisches Zeichen dafür, daß sich der Weg ab-
wärts senkt. Nur auf dem Gipfel hoher Kulturen,
bei ihrem Übergang zur Zivilisation, tritt für
einen Augenblick diese Gabe durchdringender Er-
kenntnis auf.

An und für sich ist es belanglos, welches Schicksal unter den Scharen „ewiger" Sterne dieser kleine
Planet hat, der irgendwo im unendlichen Raume
für kurze Zeit seine Bahnen zieht; noch belangloser,
was auf seiner Oberfläche für ein paar Augenblicke
sich bewegt. Aber jeder einzelne von uns, an und
für sich ein Nichts, ist für einen unnennbar kurzen

Augenblick, eine Lebensdauer, in dieses Gewimmel hineingeworfen. Und deshalb ist sie für uns über alle Maßen wichtig, diese Welt im Kleinen, diese „Weltgeschichte". Und darüber hinaus ist es das Schicksal jedes einzelnen, daß er durch seine Geburt nicht nur in diese Weltgeschichte überhaupt versetzt ist, sondern in ein bestimmtes Jahrhundert, ein bestimmtes Land, ein bestimmtes Volkstum, eine bestimmte Religion, einen bestimmten Stand. Wir können nicht wählen, ob wir der Sohn eines ägyptischen Bauern um 3000 v. Chr., eines persischen Königs oder eines heutigen Landstreichers sein wollen. Diesem Schicksal — oder Zufall — hat man sich zu fügen. Es verurteilt zu Lagen, Anschauungen und Leistungen. Es gibt keinen „Menschen an sich", wie die Philosophen schwatzen, sondern nur Menschen zu einer Zeit, an einem Ort, von einer Rasse, einer persönlichen Art, die sich im Kampfe mit einer gegebenen Welt durchsetzt oder unterliegt, während das Weltall göttlich unbekümmert ringsum verweilt. Dieser Kampf ist das Leben, und zwar im Sinne Nietzsches als ein Kampf aus dem Willen zur Macht, grausam, unerbittlich, ein Kampf ohne Gnade.

PFLANZENFRESSER UND RAUBTIERE

3

Denn der Mensch ist ein Raubtier. Feine Denker wie Montaigne und Nietzsche haben das immer gewußt. Die Lebensweisheit in alten Märchen und Sprichwörtern aller Bauern- und Nomadenvölker, die lächelnde Einsicht großer Menschenkenner — Staatsmänner, Feldherren, Kaufleute, Richter — auf der Höhe eines reichen Lebens, die Verzweiflung gescheiterter Weltverbesserer und das Schelten erzürnter Priester waren weit davon entfernt, das zu verschweigen oder leugnen zu wollen. Nur der feierliche Ernst idealistischer Philosophen und — anderer Theologen besaß nicht den Mut zu dem, was man im stillen recht gut wußte. Ideale sind Feigheiten. Und trotzdem könnte man aus ihren Werken eine hübsche Sammlung von Sprüchen zusammenstellen, die ihnen über die Bestie Mensch gelegentlich entschlüpft sind.

Aber mit dieser Einsicht muß endlich Ernst gemacht werden. Die Skepsis, die letzte philosophische Haltung, die diesem Zeitalter noch möglich, die seiner würdig ist, gestattet kein Vorbeireden mehr. Dennoch und gerade deshalb wende ich mich gegen Ansichten, die von der Naturwissenschaft des vorigen Jahrhunderts her entwickelt worden sind. Die anatomische Betrachtung und Ordnung des Tierreiches wird ihrer Herkunft entsprechend durchaus von materialistischen Gesichtspunkten beherrscht. Wenn das Bild des Leibes, wie er sich dem menschlichen Auge und nur diesem darstellt, noch dazu des zerschnittenen, chemisch präparierten, durch Experimente mißhandelten Leibes zu einem System führte, das Linné begründet und die Schule Darwins paläontologisch vertieft hat, einem System von ruhenden, optischen Einzelheiten, so gibt es daneben noch eine ganz andere, unsystematische Ordnung von Arten des Lebens, die sich nur dem ungelehrten Miterleben, der innerlich gefühlten Verwandtschaft von Ich und Du erschließt, wie sie jeder Bauer kennt, aber auch jeder echte Dichter und Künstler. Ich denke gern über die Physiognomik[1] der Arten von tierischem Leben, über die Arten von Tierseelen nach und überlasse die Systematik des Körperbaus den Zoologen. Und dann ergibt sich eine ganz andere Rangordnung des Lebens, nicht des Leibes.

Eine Pflanze lebt, obwohl sie nur im einge-

---

[1] Unterg. d. Abendl. Bd. I Kap. II §§ 4—5.

schränkten Sinne ein Lebewesen ist.[1] In Wirklichkeit lebt es in ihr oder um sie herum. „Sie" atmet, „sie" nährt sich, „sie" vermehrt sich, und trotzdem ist sie ganz eigentlich nur der Schauplatz dieser Vorgänge, die mit solchen der umgebenden Natur, mit Tag und Nacht, mit Sonnenbestrahlung und der Gärung im Boden eine Einheit bilden, so daß die Pflanze selbst nicht wollen und wählen kann. Alles geschieht mit ihr und in ihr. Sie sucht weder den Standort, noch die Nahrung, noch die andere Pflanze, mit welcher sie die Nachkommen erzeugt. Sie bewegt sich nicht, sondern der Wind, die Wärme, das Licht bewegen sie.

Über diese Art von Leben erhebt sich nun das freibewegliche Leben der Tiere, aber in zwei Stufen. Es gibt eine Art, durch alle anatomischen Gattungen hindurch, vom einzelligen Urtier bis zu Schwimmvögeln und Huftieren, deren Leben auf die unbewegliche Pflanzenwelt als Nahrung angewiesen ist, um sich zu erhalten. Pflanzen fliehen nicht und können sich nicht wehren.

Aber darüber erhebt sich eine zweite Art von Leben, Tiere, die von anderen Tieren leben, deren Leben im Töten besteht. Da ist die Beute selbst sehr beweglich, selbst kämpfend, selbst reich an

---

[1] Unterg. d. Abendl. Bd. II S. 1 ff.

16

Listen aller Art. Auch dieses Leben ist über alle
Gattungen des Systems verbreitet. Jeder Wasser-
tropfen ist ein Schlachtfeld, und wir, die den
Kampf auf dem Lande so beständig vor Augen
haben, daß wir seine Selbstverständlichkeit, ja so-
gar sein Vorhandensein vergessen, sehen heute mit
Grauen, wie phantastische Formen der Tiefsee das
Leben des Tötens und Getötetwerdens führen.

Das Raubtier ist die höchste Form des
freibeweglichen Lebens. Es bedeutet das Maxi-
mum an Freiheit von andern und für sich, an
Selbstverantwortlichkeit, an Alleinsein, das Ex-
trem der Notwendigkeit, sich kämpfend, sie-
gend, vernichtend zu behaupten. Es gibt dem
Typus Mensch einen hohen Rang, daß er ein
Raubtier ist.

Ein Pflanzenfresser ist seinem Schicksal nach
ein Beutetier und sucht sich diesem Verhängnis
durch kampflose Flucht zu entziehen. Ein Raubtier macht Beute. Das eine Leben ist in seinem
innersten Wesen defensiv, das andere ist offensiv,
hart, grausam, zerstörend. Schon die Taktik der
Bewegung unterscheidet sie — auf der einen Seite
die Gewohnheit des Fliehens, der schnelle Lauf,
das Winkelschlagen, Ausweichen, Sichverstecken,
auf der andern die geradlinige Bewegung des An-

griffs, der Sprung des Löwen, das Herabstoßen des
Adlers. Es gibt eine List, ein Überlisten im Stile
des Starken und des Schwachen. Klug im menschlichen Sinne, aktiv klug, sind nur Raubtiere.
Pflanzenfresser sind im Vergleich dazu dumm,
nicht nur die Tauben „ohne Falsch" und der Ele-
fant, sondern selbst die edelsten Arten der Huftiere: der Stier, das Pferd, der Hirsch, die erst in
der blinden Wut und der geschlechtlichen Erregung
fähig sind zu kämpfen, und sich sonst zähmen
und von einem Kinde leiten lassen.

Zum Unterschied der Bewegungen tritt noch gewaltiger der in den Sinnesorganen. Und mit den
Sinnen unterscheidet sich auch die Art, eine
„Welt" zu haben. An und für sich lebt jedes Wesen in der Natur, in einer Umgebung, ob es sie nun
bemerkt oder sich ihr bemerkbar macht oder
nicht. Erst durch die geheimnisvolle und von
keinem menschlichen Nachdenken zu erklärende
Art der Beziehungen zwischen dem Tier und
seiner Umgebung mittels der tastenden, ordnen-
den, verstehenden Sinne entsteht aus der Umgebung eine Umwelt für jedes einzelne Wesen.[1]
Die höheren Pflanzenfresser werden neben dem
Gehör vor allem durch die Witterung beherrscht,

---

[1] v. Üxküll, Biologische Weltanschauung, 1913, S. 67 ff.

die höheren Raubtiere aber herrschen durch
das Auge. Die Witterung ist der eigentliche Sinn
der Verteidigung. Die Nase spürt Herkunft und
Entfernung der Gefahr und gibt damit der Flucht-
bewegung eine zweckmäßige Richtung von etwas fort.

Das Auge der Raubtiere aber gibt ein Ziel.
Schon dadurch, daß die Augenpaare der großen
Raubtiere wie beim Menschen auf einen Punkt der
Umgebung fixiert werden können, gelingt es, das
Beutetier zu bannen. Im feindlichen Blick liegt
für das Opfer schon das unentrinnbare Schicksal,
der Sprung des nächsten Augenblicks. Das Fi-
xieren der nach vorn und parallel gerichteten
Augen ist aber gleichbedeutend mit dem Entstehen der Welt in dem Sinne, wie der Mensch
sie hat, als Bild, als Welt vor seinen Blicken,
als Welt nicht nur des Lichtes und der Farben,
sondern vor allem der perspektivischen Entfernung, des Raumes und der in ihm stattfindenden
Bewegungen und an bestimmten Orten ruhenden Gegenstände. In dieser Art des Sehens, wie
sie nur die edelsten Raubtiere besitzen — Pflanzenfresser, z. B. Huftiere, haben seitwärts stehende
Augen, von denen jedes einen anderen, unper-
spektivischen Eindruck hat —, liegt schon die

Idee des Herrschens. Das Weltbild ist die vom Auge beherrschte Umwelt. Das Raubtierauge bestimmt die Dinge nach Lage und Entfernung. Es kennt den Horizont. Es bemißt in diesem Schlachtfeld die Objekte und Bedingungen des Angriffs. Wittern und Spähen — das Reh und der Habicht — verhalten sich wie Sklave-sein und Herr-sein. Ein unendliches Machtgefühl liegt in diesem weiten ruhigen Blick, ein Gefühl der Freiheit, die aus Überlegenheit entspringt und auf der größeren Gewalt beruht, und die Gewißheit, niemandes Beute zu sein. Die Welt ist die Beute, und aus dieser Tatsache ist letzten Endes die menschliche Kultur erwachsen.

Und endlich hat sich diese Tatsache der angeborenen Überlegenheit wie nach außen zur Lichtwelt mit ihren unendlichen Fernen, so nach innen zur Seelenart starker Tiere vertieft. Die Seele, das rätselhafte Etwas, das bei diesem Wort gefühlt wird und dessen Wesen keiner Wissenschaft zugänglich ist, der göttliche Funke in diesem lebendigen Leibe, der in der göttlich grausamen, göttlich unbekümmerten Welt herrschen oder unterliegen muß: was wir Menschen als Seele fühlen, in uns und in andern, ist der Gegenpol der Lichtwelt um uns, in welcher menschliches Denken und Ahnen gern eine Weltseele annimmt. Die Seele ist um so stärker ausgeprägt, je einsamer das Wesen ist, je entschiedener es eine Welt für sich bildet, gegen alle Welt um sich herum. Was ist das Gegenteil der Seele eines Löwen? Die Seele einer Kuh. Pflanzenfresser ersetzen die starke einzelne Seele durch die große Zahl, die Herde, das gemeinsame Fühlen und Tun von Massen. Aber je weniger man die andern braucht, desto mächtiger ist man. Ein Raubtier ist jedermanns Feind. Es duldet in seinem Revier niemand seinesgleichen — der königliche Begriff des Eigentums hat hier seine Wurzel. Eigentum ist der Bereich, in dem man unumschränkte Macht ausübt, erkämpfte, gegen seinesgleichen verteidigte, siegreich behauptete Macht. Es ist kein Recht auf ein bloßes Haben, sondern auf ein selbstherrliches Schalten und Walten damit.

Es gibt, wenn man es richtig versteht, eine Raubtier- und eine Pflanzenfresserethik. Niemand ist imstande, etwas daran zu ändern. Es ist die innere Form, der Sinn, die Taktik des ganzen Lebens. Es ist eine einfache Tatsache. Man kann das Leben vernichten, aber nicht in seiner Art verändern. Ein gezähmtes, gefangenes Raubtier — jeder zoologische Garten bietet Beispiele dafür — ist seelisch verstümmelt, weltkrank, innerlich vernichtet. Es gibt Raubtiere, die freiwillig verhungern, wenn sie gefangen sind. Pflanzenfresser geben nichts auf, wenn sie Haustiere werden.

Das ist der Unterschied zwischen dem Schicksal von Pflanzenfressern und dem Raubtierschicksal. Das eine bedroht nur, das andere spendet auch. Jenes drückt nieder, macht klein und feig, dieses erhebt durch Macht und Sieg, durch Stolz und Haß. Jenes erleidet man, dieses ist man selbst. Der Kampf der Natur drinnen gegen die Natur draußen wird nicht mehr als Elend empfunden — so dachten sich Schopenhauer und Darwin den struggle for life —, sondern als großer Sinn des Lebens, der es adelt — so dachte Nietzsche: amor fati. Und der Mensch gehört zu dieser Art.

4

Er ist kein Simpel, „von Natur gut" und dumm, kein Halbaffe mit technischen Tendenzen, wie ihn Haeckel beschrieben und Gabriel Max gemalt hat.[1] Auf diese Karikatur fällt noch der plebe-

---

[1] Nur die systematische, klassifizierende Wut bloßer Anatomen hat ihn in die Nähe der Affen gebracht, und auch das stellt sich heute als voreilig und oberflächlich heraus. Man sehe Klaatsch, der selbst Darwinianer war: „Der Werdegang der Menschheit", 1920, S. 29 ff.

jische Schatten Rousseaus. Im Gegenteil, die Taktik seines Lebens ist die eines prachtvollen, tap-
fern, listigen, grausamen Raubtieres. Er lebt an-
greifend, tötend und vernichtend. Er will Herr
sein, seitdem es ihn gibt.

Also ist die „Technik‟ wirklich älter als der
Mensch? Nein, doch nicht. Es ist ein ungeheurer
Unterschied zwischen dem Menschen und allen
andern Tieren. Die Technik dieser Tiere ist Gattungstechnik. Sie ist weder erfinderisch noch
lernbar noch entwicklungsfähig. Der Typus Biene
hat, seit er da ist, seine Waben immer genau so
gebaut wie heute, und wird sie so bauen, bis er
ausstirbt. Sie gehören zu ihm wie die Form der
Flügel und die Färbung des Leibes. Nur der anatomische Standpunkt der Zoologen läßt Körper-
bau und Lebensart auseinanderfallen. Geht man
von der inneren Form des Lebens aus, statt von
der des Leibes, so ist diese Taktik des Lebens und
die Gliederung des Leibes ein und dasselbe, beides
Ausdruck einer organischen Wirklichkeit. Die
„Gattung‟ ist eine Form nicht des sichtbar Ru-

Gerade im „System‟ steht der Mensch abseits und außer aller Ordnung, in vielen Zügen seines Körperbaus sehr primitiv, in andern
wieder eine Ausnahmeerscheinung. Aber das geht uns, die wir sein
Leben betrachten, nichts an. In seinem Schicksal, seelisch, ist er
ein Raubtier.

henden, sondern der Beweglichkeit, nicht des So-
seins, sondern des So-tuns. Körperform ist die
Form des tätigen Körpers.

Bienen, Termiten, Biber führen erstaunliche
Bauten auf. Ameisen kennen Pflanzenbau, Stra-
ßenbau, Sklaverei und Kriegführung. Brutpflege,
Festungsanlagen und planmäßige Wanderzüge
sind weit verbreitet. Alles was der Mensch kann,
haben einzelne Tierformen auch erreicht. Es sind
Tendenzen, die im freibeweglichen Leben überhaupt als Möglichkeiten schlafen. Der Mensch
leistet nichts, was nicht dem Leben im Ganzen
erreichbar ist.

Und trotzdem — alles das hat mit menschlicher
Technik im Grunde gar nichts zu tun. Die Gattungstechnik ist unveränderlich. Das bedeutet
das Wort „Instinkt". Weil das tierische „Denken"
am unmittelbaren Jetzt und Hier haftet und weder
Vergangenheit noch Zukunft kennt, so kennt es auch
weder Erfahrung noch Sorge. Es ist nicht wahr,
daß Tierweibchen für ihre Jungen „sorgen". Die
Sorge ist ein Gefühl, das ein Wissen in die Ferne
hinaus voraussetzt, um das, was kommen wird, wie
die Scham ein Wissen um das, was war. Ein Tier
kann weder bereuen noch verzweifeln. Die Brutpflege ist wie alles andere ein dunkles, wissenloses

24

Getriebensein in vielen Typen von Leben. Sie gehört zur Art und nicht zum Einzelwesen. Die Gattungstechnik ist nicht nur unveränderlich, sondern auch unpersönlich.

Die Menschentechnik und sie allein aber ist unabhängig vom Leben der Menschengattung. Es ist der einzige Fall in der gesamten Geschichte des Lebens, daß das Einzelwesen aus dem Zwang der Gattung heraustritt. Man muß lange nachdenken, um das Ungeheure dieser Tatsache zu begreifen. Die Technik im Leben des Menschen ist bewußt, willkürlich, veränderlich, persönlich, erfinderisch. Sie wird erlernt und verbessert. Der Mensch ist der Schöpfer seiner Lebenstaktik geworden. Sie ist seine Größe und sein Verhängnis. Und die innere Form dieses schöpferischen Lebens nennen wir Kultur, Kultur besitzen, Kultur schaffen, an der Kultur leiden. Die Schöpfungen des Menschen sind Ausdruck dieses Daseins in persönlicher Form.

DIE ENTSTEHUNG DES MENSCHEN: HAND UND WERKZEUG

5

Seit wann gibt es diesen Typus des erfinderischen Raubtiers? Das ist gleichbedeutend mit der Frage: Seit wann gibt es den Menschen? — Was ist der Mensch? Wodurch ist er zum Menschen geworden?

Die Antwort lautet: Durch die Entstehung der Hand. Das ist eine Waffe ohnegleichen in der Welt des freibeweglichen Lebens. Man vergleiche sie mit der Tatze, dem Schnabel, den Hörnern, Zähnen und Schwanzflossen anderer Wesen. Auf der einen Seite konzentriert sich in ihr der Tastsinn in dem Grade, daß man sie fast als Tastorgan neben das Seh- und das Hörorgan stellen kann. Sie unterscheidet nicht nur warm und kalt, fest und flüssig, hart und weich, sondern vor allem Schwere, Gestalt und Ort der Widerstände, kurz die Dinge im Raum. Aber darüber hinaus sammelt sich in ihr die Tätigkeit des Lebens so vollständig, daß sich die gesamte Haltung und der Gang des Leibes — gleichzeitig — daraufhin gestaltet hat. Es gibt nichts in der Welt, was mit diesem tastenden und tätigen Gliede verglichen werden kann. Zum Raub-

tierauge, das die Welt „theoretisch" beherrscht,
tritt die Menschenhand als praktische Beherr-
scherin.

Sie muß plötzlich entstanden sein im Vergleich
mit dem Tempo kosmischer Strömungen, jäh wie
ein Blitz, ein Erdbeben, wie alles Entscheidende
im Weltgeschehen, epochemachend im höchsten
Sinne. Wir müssen uns auch darin von den Anschauungen des vorigen Jahrhunderts lösen, wie
sie seit Lyells geologischen Forschungen im Begriffe „Evolution" liegen. Eine langsame, phleg-
matische Veränderung entspricht dem englischen
Naturell, nicht der Natur. Um sie zu stützen, warf
man mit Millionen von Jahren um sich, da sich in
meßbaren Zeiträumen nichts dergleichen zeigte.
Aber wir könnten keine geologischen Schichten
unterscheiden, wenn sie nicht durch Katastrophen unbekannter Art und Herkunft getrennt
wären, und keine Arten fossiler Tiere, wenn sie
nicht plötzlich auftauchten und sich unverän-
dert bis zu ihrem Aussterben hielten. Von „Ahnen"
des Menschen wissen wir nichts, trotz allen Su-
chens und anatomischen Vergleichens. Seitdem
Menschenskelette auftauchen, ist der Mensch so,
wie er heute ist. Den „Neandertaler" sieht man in
jeder Volksversammlung. Es ist auch ganz un-

möglich, daß sich Hand, aufrechter Gang, Haltung des Kopfes und so weiter nach- und auseinander entwickelt hätten. Alles das ist zusammen und plötzlich da.[1] Die Weltgeschichte schreitet von Katastrophe zu Katastrophe fort, ob wir sie nun begreifen und begründen können oder nicht. Man nennt das heute, seit H. de Vries,[2] Mutation. Es ist das eine innere Wandlung, die plötzlich alle Exemplare einer Gattung ergreift, ohne „Ursache" selbstverständlich, wie alles in der Wirklichkeit. Es ist der geheimnisvolle Rhythmus des Wirklichen.

Aber nicht nur müssen Hand, Gang und Haltung des Menschen gleichzeitig entstanden sein, sondern auch — und das hat bis jetzt niemand bemerkt — Hand und Werkzeug. Die unbewaffnete Hand für sich allein ist nichts wert. Sie fordert die Waffe, um selbst Waffe zu sein. Wie sich

---

[1] Überhaupt diese „Entwicklung"! Die Darwinianer sagen, daß der Besitz solcher ausgezeichneten Waffen die Art im Kampf ums Dasein begünstigt und erhalten habe. Aber erst die fertig ausgebildete Waffe wäre ein Vorteil; die in Entwicklung begriffene — und diese Entwicklung soll ja Jahrtausende gedauert haben — ist eine unnütze Last, die das Gegenteil bewirken müßte. Und wie stellt man sich den Anfang einer solchen Entwicklung vor? Diese Jagd auf Ursachen und Wirkungen, die schließlich Formen des menschlichen Denkens sind und nicht des Weltwerdens, ist ziemlich töricht, wenn man glaubt, damit in die Geheimnisse der Welt eindringen zu können.

[2] Die Mutationstheorie (1901, 1903).

das Werkzeug aus der Gestalt der Hand gebildet hat, so umgekehrt die Hand an der Gestalt des Werkzeugs. Es ist sinnlos, das zeitlich trennen zu wollen. Es ist unmöglich, daß die ausgebildete Hand auch nur kurze Zeit hindurch ohne Werkzeug tätig war. Die frühesten Reste des Menschen und seiner Geräte sind gleich alt.

Was sich aber geteilt hat, nicht zeitlich, sondern logisch, ist das technische Verfahren, und zwar in Herstellung der Waffe und ihren Gebrauch. Wie es eine Technik des Geigenbaus und eine Technik des Geigenspiels gibt, so eine Kunst des Schiffbaus und eine Kunst des Segelns, eine Verfertigung des Bogens und eine Fertigkeit im Schießen. Kein anderes Raubtier wählt die Waffe. Der Mensch aber wählt sie nicht nur, sondern er stellt sie her, nach eigener persönlicher Erwägung. Damit hat er eine furchtbare Überlegenheit im Kampf gewonnen gegen seinesgleichen, gegen andere Tiere, gegen die gesamte Natur.

Das ist die Befreiung vom Zwang der Gattung, etwas Einzigartiges in der Geschichte des gesamten Lebens auf diesem Planeten. Damit ist der Mensch entstanden. Er hat sein tätiges Leben in hohem Grade von den Bedingungen seines Leibes unabhängig gemacht. Der Gattungsinstinkt besteht weiter in voller Gewalt, aber von ihm hat sich ein Denken und denkendes Handeln des Einzelnen abgelöst, das vom Banne der Gattung frei ist. Diese Freiheit ist Wahlfreiheit. Jeder stellt seine eigene Waffe her, nach eigenem Geschick und eigener Überlegung. Die vielen Funde von verfehlten und verworfenen Stücken zeugen noch heute von der Mühe dieses anfänglichen „denkenden Tuns".

Wenn trotzdem die Stücke so ähnlich sind, daß man nach ihnen — mit sehr zweifelhaftem Recht— „Kulturen" wie Acheuléen und Solutréen unterscheidet, und durch alle fünf Erdteile — sicher mit Unrecht — danach Zeitvergleiche vornimmt, so liegt das daran, daß diese Befreiung vom Zwang der Gattung zunächst nur als große Möglichkeit wirkt und anfangs weit davon entfernt ist, verwirklichter Individualismus zu sein. Niemand will den Originellen spielen. Ebensowenig denkt jemand daran, den andern nachzuahmen. Jeder denkt und arbeitet für sich, aber das Leben der Gattung ist so mächtig, daß das Ergebnis trotzdem überall ähnlich ist — wie im Grunde heute noch.

Zum „Denken des Auges", dem verstehenden scharfen Blick der großen Raubtiere — ist damit das „Denken der Hand" getreten. Aus jenem entwickelt sich seitdem das theoretische, betrachtende, beschauliche Denken, das „Nachsinnen“, die „Weisheit“, aus diesem das praktische, tätige, die Schlauheit, die eigentliche „Intelligenz“. Das Auge forscht nach Ursache und Wirkung, die Hand arbeitet nach den Prinzipien von Mittel und Zweck. Ob etwas zweckmäßig oder unzweckmäßig ist — das Werturteil der Tätigen — hat mit wahr und falsch, den Werten des Betrachtenden, mit Wahrheit nichts zu tun. Der Zweck ist eine Tatsache, der Zusammenhang von Ursache und Wirkung eine Wahrheit.[1] So sind die sehr verschiedenen Denkweisen des Wahrheitsmenschen — des Priesters, Gelehrten, Philosophen —, und des Tatsachenmenschen — des Politikers, Feldherrn, Kaufmanns — entstanden. Seitdem und heute noch ist die befehlende, hinweisende, zur Faust geballte Hand der Ausdruck eines Willens. Deshalb die Aufschlüsse aus Handschrift und Gestalt der Hand. Deshalb die sprachlichen Wendungen von der schweren Hand des Eroberers, der glücklichen Hand eines Geschäftsmannes, daher die seelischen Merkmale der Verbrecher- und der Künstlerhand.

---

[1] Untergang des Abendlandes Bd. I Kap. II § 16. Bd. II Kap. III § 6.

Mit der Hand, der Waffe und dem persönlichen Denken ist der Mensch s c h ö p f e r i s c h geworden. Alles was Tiere tun, bleibt im Rahmen des Tuns der Gattung und bereichert deren Leben nicht. Der Mensch aber, das schöpferische Tier, hat einen Reichtum von erfinderischem Denken und Tun über die Welt verbreitet, der es berechtigt erscheinen läßt, wenn er s e i n e kurze Geschichte die „Weltgeschichte" nennt und seine Umgebung als die „Menschheit" mit der gesamten übrigen Natur als Hintergrund, Objekt und Mittel betrachtet.

Das Tun der d e n k e n d e n Hand aber nennen wir die T a t. Tätigkeit gibt es mit dem Dasein der Tiere, Taten erst mit dem Dasein des Menschen. Nichts ist so bezeichnend für den Unterschied als das Anzünden des Feuers. Man s i e h t — Ursache und Wirkung — wie Feuer entsteht. Auch viele Tiere sehen es. Aber der Mensch allein d e n k t — Zweck und Mittel — ein Verfahren aus, um es herzustellen. Keine zweite Tat macht so den Eindruck des Schöpferischen. Es ist die Tat des Prometheus. Eine der unheimlichsten, gewaltigsten, rätselhaftesten Erscheinungen der Natur — der Blitz, der Waldbrand, ein Vulkan — wird vom Menschen selbst ins Leben gerufen, g e g e n alle Natur. Wie mag das auf die Seele gewirkt

haben, der erste Blick in die selbst entzündete
Flamme!

6

Unter dem gewaltigen Eindruck der freien, bewußten Einzeltat, die sich aus dem gleichförmigen, triebhaften, massenhaften „Tun der Gattung"
heraushebt, hat sich nun die eigentliche Menschenseele gestaltet, sehr einsam selbst im Vergleich zu
anderen Raubtierseelen, mit dem stolzen und
schwermütigen Blick des Wissenden über sein
eignes Schicksal hin, dem unbändigen Machtgefühl
in der tatgewohnten Faust, jedermanns Feind, tötend, hassend, zu Sieg oder Sterben entschlossen. Diese Seele ist tiefer und leidenvoller als die
irgendeines Tieres. Sie steht in unversöhnlichem
Gegensatz zur gesamten Welt, von der sie durch
ihr eigenes Schöpfertum getrennt ist. Es ist die
Seele eines Empörers.
Der früheste Mensch horstet einsam wie ein
Raubvogel. Wenn sich auch einige „Familien" zu
einem Rudel zusammentun, so geschieht das in
losester Form. Noch ist von Stämmen keine Rede,
geschweige denn von Völkern. Das Rudel ist eine
zufällige Sammlung von ein paar Männern, die
sich gerade einmal nicht bekämpfen, mit ihren

33

Weibern und deren Kindern, ohne Gemeingefühl, in vollkommener Freiheit, kein „Wir" wie eine Herde von bloßen Gattungsexemplaren.

Die Seele dieser starken Einsamen ist durch und durch kriegerisch, mißtrauisch, eifersüchtig auf die eigene Macht und Beute. Sie kennt das Pathos nicht nur des „Ich", sondern auch des „Mein". Sie kennt den Rausch des Gefühls, wenn das Messer in den feindlichen Leib schneidet, wenn Blutgeruch und Stöhnen zu den triumphierenden Sinnen dringen. Jeder wirkliche „Mann" noch in den Städten später Kulturen fühlt zuweilen die schlafende Glut dieses Urseelentums in sich. Nichts von der jämmerlichen Feststellung, daß irgend etwas „nützlich"ist, daß es „Arbeit erspart". Noch weniger von den zahnlosen Gefühlen des Mitleids, der Versöhnung, der Sehnsucht nach Ruhe. Dafür aber der volle Stolz darauf, weithin seiner Stärke und seines Glücks wegen gefürchtet, bewundert, gehaßt zu sein, und der Drang nach Rache an allem, seien es lebende Wesen oder Dinge, was diesen Stolz auch nur durch sein Dasein verletzt.

Und diese Seele schreitet fort in wachsender Entfremdung gegenüber der ganzen Natur. Die Waffen aller Raubtiere sind natürlich, nur die bewaffnete Faust des Menschen, mit der künstlich

hergestellten, durchdachten, gewählten Waffe, ist
es nicht. Hier beginnt „Kunst" als Gegen-
begriff zur Natur. Jedes technische Verfahren
des Menschen ist eine Kunst und ist immer so genannt worden, die Kunst des Bogenschießens und
Reitens wie die Kriegskunst, die Künste des
Bauens, des Regierens, des Opferns und Wahrsa-
gens, des Malens und Versemachens, des wissen-
schaftlichen Experimentierens. Künstlich, widernatürlich ist jedes menschliche Werk vom Anzünden des Feuers bis zu den Leistungen, die wir
in hohen Kulturen als eigentlich künstlerische be-
zeichnen. Der Natur wird das Vorrecht des
Schöpfertums entrissen. Der „freie Wille" schon
ist ein Akt der Empörung, nichts anderes. Der
schöpferische Mensch ist aus dem Verbande der
Natur herausgetreten, und mit jeder neuen Schöpfung entfernt er sich weiter und feindseliger von
ihr. Das ist seine „Weltgeschichte", die Geschichte
einer unaufhaltsam fortschreitenden, verhängnisvollen Entzweiung zwischen Menschenwelt und
Weltall, die Geschichte eines Empörers, der dem
Schoße seiner Mutter entwachsen die Hand gegen
sie erhebt.

Die Tragödie des Menschen beginnt, denn die
Natur ist stärker. Der Mensch bleibt abhängig

von ihr, die trotz allem auch ihn selbst, ihr Ge-
schöpf, umfaßt. Alle großen Kulturen sind ebenso
viele Niederlagen. Ganze Rassen bleiben, innerlich
zerstört, gebrochen, der Unfruchtbarkeit und geistigen Zerrüttung verfallen, als Opfer auf dem
Platze. Der Kampf gegen die Natur ist hoffnungs-
los, und trotzdem wird er bis zum Ende geführt
werden.

DIE ZWEITE STUFE:
SPRECHEN UND UNTERNEHMEN

7

Wie lange das Zeitalter der bewaffneten Hand
dauerte, das heißt, seit wann es den Menschen gibt,
wissen wir nicht. Die Zahl von Jahren ist auch belanglos, obwohl sie heute noch viel zu hoch angenommen wird. Es handelt sich nicht um Millionen,
nicht einmal um mehrere Jahrhunderttausende;
immerhin muß eine beträchtliche Zahl von Jahrtausenden verflossen sein.

Nun aber tritt eine zweite Wandlung ein, die
Epoche macht, ebenso jäh und gewaltig, das Men-
schenschicksal von Grund aus umformend wie die
erste, wieder eine echte Mutation in dem eben er-
örterten Sinne. Die prähistorische Forschung hat
das längst bemerkt. In der Tat zeigen die Dinge,
die in unsern Museen liegen, plötzlich ein anderes
Gesicht. Tongefäße treten auf, Spuren von „Acker-
bau" und „Viehzucht", wie man es sorglos genug
und viel zu modern genannt hat, Hüttenbau, Grä-
ber, Andeutungen des Verkehrs. Eine neue Welt
des technischen Denkens und Verfahrens meldet
sich an. Vom Museumsstandpunkt aus, viel zu
flach und auf die bloße Anordnung von Funden

versessen, hat man ältere und jüngere Steinzeit, Paläolithikum und Neolithikum, getrennt. Aber diese Einteilung des vorigen Jahrhunderts erweckt längst Unbehagen, und man versucht seit Jahrzehnten, sie durch etwas anderes zu ersetzen. Ausdrücke wie Mesolithikum, Mio-, Mixoneolithikum beweisen indessen, daß man immer noch an einer bloßen Ordnung der Objekte haftet und deshalb nicht weiter kommt. Was sich verwandelt, sind aber nicht die Geräte, sondern der Mensch. Noch einmal: Nur von der Seele aus läßt sich die Geschichte des Menschen erschließen.

Diese Mutation läßt sich ziemlich genau festlegen, etwa ins fünfte Jahrtausend v. Chr.[1] Längstens zwei Jahrtausende später beginnen schon die Hochkulturen in Ägypten und Mesopotamien. Man sieht, das Tempo der Geschichte nimmt tragische Maße an. Vorher spielten Jahrtausende kaum eine Rolle, jetzt wird jedes Jahrhundert wichtig. Der rollende Stein nähert sich in rasenden Sprüngen dem Abgrund.

Aber was ist geschehen? Dringt man tiefer in diese neue Formenwelt menschlicher Taten ein, so sieht man bald sehr verwirrte und komplizierte

---

[1] Auf Grund der Forschungen de Geers am schwedischen Bänderton: Reallex. d. Vorgeschichte, Bd. II (Diluvialchronologie).

Zusammenhänge. All diese Techniken setzen sich gegenseitig voraus. Die Haltung von gezähmten Tieren fordert das Anpflanzen von Futtermitteln, die Saat und Ernte von Nahrungspflanzen das Vorhandensein von Zug- und Lasttieren, diese wieder den Bau von Gehegen, jede Art von Bauten die Herstellung und den Transport von Baustoffen, der Verkehr die Straße, das Saumtier und das Schiff.

Was ist das seelisch Umwälzende an alledem? Ich gebe die Antwort: Das planmäßige Tun zu mehreren. Bis dahin lebt jeder Mensch sein eigenes Leben, stellt selbst seine Waffe her, führt allein seine Taktik im täglichen Kampfe durch. Keiner braucht den anderen. Das ändert sich plötzlich. Diese neuen Verfahren dehnen sich über lange Zeiträume, unter Umständen über Jahre aus — man denke an den Weg vom Fällen der Bäume bis zur Abfahrt des mit ihnen gebauten Schiffes — und ebenso über weite Strecken. Sie zerfallen in Reihen von genau geordneten Einzelakten und in Gruppen von nebeneinander durchgeführten Handlungen. Diese Gesamtverfahren aber setzen als unentbehrliches Mittel die Wortsprache voraus.

Das Sprechen in Sätzen und Worten kann nicht früher oder später, es muß damals entstanden sein,

rasch wie alles Entscheidende, und zwar in engem
Zusammenhang mit der neuen Art menschlicher
Verfahren. Das läßt sich beweisen.

Was ist „Sprechen"?[1] Ohne Zweifel ein Verfahren zum Zweck von Mitteilungen, eine Tätigkeit, die von zahlreichen Menschen fortgesetzt un-
tereinander ausgeübt wird. „Sprache" ist nur eine
Abstraktion davon, die innere — grammatische —
Form des Sprechens einschließlich der Wortfor-
men. Diese Form muß verbreitet sein und eine gewisse Dauer haben, wenn Mitteilungen wirklich
stattfinden sollen. Ich hatte früher[2] gezeigt, daß
dem Sprechen in Sätzen einfachere Formen der
Mitteilung vorausgehen — Zeichen fürs Auge, Si-
gnale, Gesten, Warnungs- und Drohrufe — die
sämtlich zur Unterstützung des Sprechens in Sätzen fortbestehen, auch heute noch, als Sprech-
melodie, Betonung, Mienenspiel, Handbewegun-
gen, in der heutigen Schrift als Interpunktion.

Trotzdem ist das „fließende" Sprechen dem
Gehalt nach etwas ganz Neues. Seit Hamann und
Herder hat man sich denn auch immer wieder die
Frage nach seiner Entstehung vorgelegt. Wenn alle

---

[1] Zum folgenden Untergang des Abendlandes Bd. II Kap. II, 1:
Völker, Rassen, Sprachen.
[2] Ebenda.

Antworten bis zum heutigen Tage uns unbefriedigt lassen, so liegt das daran, daß die Frage falsch gemeint war. Denn der Ursprung des Sprechens in Worten kann nicht in der Tätigkeit des Sprechens selbst gesucht werden. So dachten die Romantiker, wirklichkeitsfremd wie immer, welche die Sprache aus der „Urpoesie der Menschheit" ableiteten — nein, mehr noch: die Sprache war die Urdichtung des Menschen; sie war Mythus, Lyrik, Gebet zugleich, und Prosa war nur die spätere Herabwürdigung zum gemeinen Gebrauch des Tages. Aber dann müßte die innere Form der Sprache, die Grammatik, der logische Aufbau der Sätze ganz anders aussehen. Gerade urwüchsige Sprachen wie die der Bantu- und der Turkstämme zeigen die Tendenz besonders deutlich, ganz klare, scharfe, unmißverständliche Unterscheidungen zu treffen.[1]

Aber das führt zum Grundfehler der Feinde aller Romantik, der Rationalisten. Sie laufen stets der Meinung nach, daß der Satz ein Urteil oder einen Gedanken ausdrücke. Sie sitzen an ihrem

---

[1] Bis zu dem Grade, daß in manchen Sprachen der „Satz" ein einziges Wortungeheuer ist, in dem durch klassifizierende Vor- und Nachsilben in gesetzmäßiger Ordnung alles ausgedrückt wird, was gesagt werden soll.

Schreibtisch voller Bücher und grübeln über ihr eigenes Denken und Schreiben nach. Da scheint ihnen der „Gedanke" der Zweck des Sprechens zu sein. Weil sie allein zu sitzen pflegen, vergessen sie über dem Sprechen das Hören, über der Frage die Antwort, über dem Ich das Du. Sie sagen „Sprache" und meinen die Rede, den Vortrag, die Abhandlung. Ihre Ansicht vom Entstehen der Sprache ist monologisch und deshalb falsch.

Die richtig gestellte Frage lautet nicht: Wie, sondern wann entsteht das Sprechen in Worten? Und dann wird sehr bald alles klar. Der meist mißverstandene oder übersehene Zweck des Sprechens in Sätzen ergibt sich aus der Zeit, seit welcher so, nämlich fließend gesprochen wird. Und der Zweck liegt in der Form der Satzbildung klar zutage. Das Sprechen erfolgt nicht monologisch, sondern dialogisch, die Satzreihen folgen nicht als Rede, sondern zwischen mehreren Menschen als Unterredung. Der Zweck ist nicht ein Verstehen aus dem Nachdenken heraus, sondern eine wechselseitige Verständigung durch Frage und Antwort. Welches sind denn die ursprünglichen Formen des Sprechens? Nicht das Urteil, die Aussage, sondern der Befehl, der Ausdruck des Gehorsams, die Feststellung, die Frage, die Bejahung,

die Verneinung. Es sind Sätze, die sich stets an
einen anderen wenden, ursprünglich sicher ganz
kurz: Tu das! Fertig? Ja! Anfangen! Die Worte als
Begriffsbezeichnung[1] folgen erst aus dem
Zweck der Sätze, so daß von Anfang an der Wort-
schatz eines Jägerstammes ganz anders ist als der
eines Dorfes von Viehzüchtern oder einer seefah-
renden Küstenbevölkerung. Ursprünglich war die
Sprache eine schwierige Tätigkeit,[2] und man
sprach gewiß nur das Notwendigste. Noch heute
ist der Bauer schweigsam im Verhältnis zum Städ-
ter, der infolge seiner Sprachgewöhnung den Mund
nicht halten kann und aus Langerweile schwatzt
und Konversation macht, sobald er nichts zu tun
hat, und ob er etwas zu sagen hat oder nicht.

Der ursprüngliche Zweck des Sprechens ist die
Durchführung einer Tat nach Absicht, Zeit,
Ort, Mitteln. Die klare, eindeutige Fassung derselben ist das Erste, und aus der Schwierigkeit,
sich verständlich zu machen, den eigenen Willen
anderen aufzuerlegen, ergibt sich die Technik der

---

[1] Der Begriff ist die Einordnung von Dingen, Lagen, Tätigkeiten
in Klassen von praktischer Allgemeinheit. Der Pferdebesitzer
sagt nicht „Pferd“, sondern Schimmelstute oder Rappfohlen, der
Jäger nicht „Wildschwein“, sondern Keiler, Bache, Frischling.

[2] Und sicher lernten erst Erwachsene fließend sprechen, wie noch
viel später schreiben.

Grammatik, die Technik der Bildung von Sätzen
und Satzarten, des richtigen Befehlens, Fragens,
Antwortens, der Ausbildung von Wortklassen auf
Grund der praktischen, nicht der theoreti-
schen Absichten und Ziele. Das theoretische
Nachdenken hat am Entstehen des Sprechens in
Sätzen so gut wie gar keinen Anteil. Alles Sprechen
ist praktischer Natur und geht vom „Denken der
Hand" aus.

8

Das Tun zu mehreren nennen wir Unternehmen. Sprechen und Unternehmen setzen sich in genau derselben Weise gegenseitig
voraus wie früher Hand und Werkzeug. Sprechen zu mehreren hat seine innere, grammatische
Form an der Durchführung von Unternehmungen
entwickelt, und die Gewohnheit des Unternehmens
ist von der Methode des sprachgebundenen Denkens geschult worden. Denn Sprechen heißt, sich
anderen denkend mitteilen. Wenn Sprechen
ein Tun ist, so ist es ein geistiges Tun mit sinn-
lichen Mitteln. Es hat die unmittelbare Verbin-
dung mit körperlichem Tun sehr bald nicht mehr
nötig. Denn das ist das Neue, welches jetzt, seit
dem 5. Jahrtausend v. Chr., Epoche macht: Das

44

Denken, der Geist, der Verstand oder wie man das nennen will, was sich durch die Sprache von der Verbundenheit mit der tätigen Hand emanzipiert hat, tritt der Seele und dem Leben nun als eine Macht für sich entgegen. Die rein geistige Überlegung, die „Berechnung", welche hier plötzlich, entscheidend, alles verändernd auftaucht, ist diese, daß gemeinsames Tun als Einheit eine Wirkung hat, als ob ein Riese etwas täte. Oder wie es Mephistopheles im Faust ironisch ausdrückt:

> Wenn ich sechs Hengste zahlen kann,
> Sind ihre Kräfte nicht die meine?
> Ich renne zu und bin ein rechter Mann,
> Als hätt' ich vierundzwanzig Beine.

Das Raubtier Mensch will seine Überlegenheit bewußt steigern, weit über die Grenzen seiner Körperkraft hinaus. Es opfert seinem Willen zu größerer Macht einen wichtigen Zug gerade seines Lebens. Das Denken, das Berechnen der größeren Wirkung ist das erste. Ihr zuliebe versteht man sich darauf, ein wenig von seiner persönlichen Freiheit aufzugeben. Innerlich bleibt man ja unabhängig. Aber kein Schritt in der Geschichte läßt sich zurücktun. Die Zeit und also das Leben sind nicht umkehrbar. Einmal an die

Tätigkeit zu mehreren gewöhnt und an ihre Erfolge, verwickelt sich der Mensch immer tiefer in diese verhängnisvollen Bindungen. Das unternehmende Denken greift immer stärker in das Seelenleben ein. Der Mensch ist Sklave seines Gedankens geworden.

Der Schritt vom Gebrauch persönlicher Werkzeuge zum Unternehmen von mehreren bezeichnet eine ungeheuer wachsende Künstlichkeit der Verfahren. Das Arbeiten mit künstlichen Stoffen, das Töpfern, Weben und Flechten, will noch nicht viel besagen, obwohl es viel durchgeistigter, viel schöpferischer ist als alles frühere. Aber über zahlreiche Verfahren, von denen wir nichts mehr wissen können, ragen einige von gewaltiger Gedankenkraft hinaus, die Spuren hinterlassen haben. Vor allem sind es die, welche aus dem „Gedanken des Bauens" erwachsen sind. Wir kennen Bergwerke auf Feuerstein, lange vor aller Kenntnis der Metalle, in Belgien, England, Österreich, Sizilien, Portugal, die sicher bis in diese Zeit zurückreichen, mit Schächten und Stollen, Wetterführung und Abstützungen, in denen mit Werkzeugen aus Hirschgeweih gearbeitet wurde.[1] Es gibt in „frühneolithischer" Zeit starke Beziehungen zwischen

---

[1] Reall. d. Vorgeschichte, Bd. I (Bergbau).

Portugal und Nordwestspanien und der Bretagne
unter Umgehung von Südfrankreich, zwischen
der Bretagne und Irland, die eine geregelte
Schiffahrt und also den Bau von leistungsfähigen
Fahrzeugen unbekannter Art voraussetzen. Es gibt
in Spanien Megalithbauten aus behauenen Steinen
von gewaltiger Größe, mit Deckplatten im Ge-
wicht von mehr als 100 000 kg, die oft von weither
herangeschafft und mit einer uns unbekannten
Technik an ihren Platz gesetzt werden mußten.
Macht man sich klar, was zu solchen Unternehmungen nötig ist an Nachdenken, Beratung, Aufsicht,
Befehlen, an monate- und jahrelanger Vorberei-
tung zur Gewinnung und zum Heranbringen des
Materials, zur zeitlichen und räumlichen Verteilung der Aufgaben, dem Entwerfen des Planes,
zur Übernahme und Leitung der Ausführung?
Welch langes Vorausdenken fordert das Unternehmen der Schiffahrt auf hoher See im Vergleich
zur Herrichtung eines Feuersteinmessers! Schon
der „zusammengesetzte Bogen", der auf spani-
schen Felsbildern dieser Zeit vorkommt, verlangt
zu seiner Herstellung aus wechselnden Lagen von
Sehnenmasse, Horn und bestimmten Hölzern ein
kompliziertes Verfahren, das sich über 5—7 Jahre
ausdehnt. Und die „Erfindung des Wagens", wie

wir sehr naiv sagen, was setzt sie für ein Nachdenken, Anordnen und Tun voraus, das sich von Zweck, Weg und Art des „Fahrens", der Wahl und Herstellung der S t r a ß e, an die meist niemand denkt, der Beschaffung oder Züchtung von Zugtieren bis zu Erwägungen über Größe und Art der Belastung, deren Sicherung, über Lenkung und Unterkunft erstreckt!

Eine ganz andere Welt von Schöpfungen geht aus dem „G e d a n k e n d e s Z e u g e n s" hervor, nämlich der Z ü c h t u n g von Pflanzen und Tieren, durch welche der Mensch selbst die Schöpferin Natur vertritt, nachahmt, verändert, verbessert und vergewaltigt. Seit er — damals — Pflanzen a n b a u t e, statt sie zu sammeln, hat er sie sicherlich mit Bewußtsein für seine Zwecke umgestaltet. Jedenfalls gehören die Funde zu Arten, die wildwachsend nicht nachgewiesen sind. Und die ältesten Funde von Tierknochen, welche Viehhaltung in irgendeiner Form beweisen, zeigen bereits die Folgen der „Domestikation", die bestimmt zum Teil g e w o l l t und durch Züchtung erreicht worden sind.[1] Der Begriff der Beute des Raubtieres erweitert sich: Nicht nur das erlegte Tier ist Beute

---

[1] Hilzheimer, Natürliche Rassengeschichte der Haussäugetiere (1926).

und Eigentum, sondern schon die freiweidende
Wildherde,[1] ob man sie nun einhegt oder nicht.[2]
Sie gehört jemandem, einem Stamm oder Jäger-
trupp, und dieser verteidigt sein Recht auf Aus-
beutung. Die Überführung in Gefangenschaft zum
Zweck der Züchtung, die den Anbau von Futter-
mitteln voraussetzt, ist nur eine von mehreren
Arten des Besitzens.

Ich hatte gezeigt, daß die Entstehung der bewaffneten Hand die logische Trennung von zwei
Verfahren zur Folge hatte: die Herstellung und
den Gebrauch der Waffe. Ebenso folgt nun aus dem
sprachgeleiteten Unternehmen die Trennung der
Tätigkeiten des Denkens und der Hand. Bei
jedem Unternehmen läßt sich Ausdenken und
Ausführen unterscheiden, und von jetzt an ist
die Leistung des praktischen Denkens die erste
und wichtigste. Es gibt Führerarbeit und
ausführende Arbeit: das ist für alle kommen-
den Zeiten die technische Grundform des gesamten
menschlichen Lebens geworden.[3] Ob es sich um

---

[1] Wie heute der Wildbestand unserer Wälder.

[2] Noch im 19. Jahrh. folgten Indianerstämme den großen Büffel-
herden, wie jetzt noch die Gauchos in Argentinien den Rinder-
herden, die Privateigentum sind. Das Nomadentum ist zum Teil
so, aus der Seßhaftigkeit heraus, entstanden.

[3] Unterg. d. Abendl. Bd. II Kap. V § 2, 4.

eine Jagd auf großes Wild oder einen Tempelbau, um ein kriegerisches oder landwirtschaftliches Unternehmen, die Gründung einer Firma oder eines Staates, um einen Karawanenzug, einen Aufstand, selbst um ein Verbrechen handelt — immer muß zuerst ein unternehmender, erfinderischer Kopf da sein, der die Idee hat, die Ausführung leitet, der befiehlt, die Aufgaben verteilt, kurz, der zum Führer geboren ist über andere, die es nicht sind.

Es gibt aber nicht nur zwei Arten von Technik im Zeitalter des sprachgeleiteten Unternehmens, die von Jahrhundert zu Jahrhundert schärfer auseinandertreten, sondern auch zwei Arten von Menschen, die sich durch ihre Begabung für eine von ihnen unterscheiden. Es gibt bei jedem Verfahren eine Technik des Führens und eine andere der Ausführung, aber ebenso selbstverständlich gibt es von Natur Befehlende und Gehorchende, Subjekte und Objekte der politischen oder wirtschaftlichen Verfahren. Das ist die Grundform des vielgestaltig gewordenen menschlichen Lebens seit dieser Wandlung, die nur mit dem Leben selbst zu beseitigen ist.

Zugegeben, daß sie widernatürlich und künstlich ist — aber das ist ja „Kultur". Sie mag verhängnisvoll sein und ist es zu Zeiten wirklich gewesen, weil man sich einbildete, sie künstlich beseitigen zu können, aber sie ist nichtsdestoweniger eine unerschütterliche Tatsache. Regieren, Entscheiden, Leiten, Befehlen ist eine Kunst, eine schwierige Technik, die wie jede andre eine angeborene Begabung voraussetzt. Nur Kinder glauben, daß der König mit der Krone zu Bette geht, und Untermenschen der Großstädte, Marxisten, Literaten, glauben von Wirtschaftsführern etwas Ähnliches. Unternehmen ist eine Arbeit, welche die Handarbeit erst möglich macht. Und ebenso ist das Erfinden, Ausdenken, Berechnen, Durchführen neuer Verfahren eine schöpferische Tätigkeit begabter Köpfe, welche die ausführende Tätigkeit der Unschöpferischen zur notwendigen Folge hat. Hierher gehört der etwas altmodische Unterschied von Genie und Talent. Genie ist — wörtlich[1] — die Schöpferkraft, der heilige Funke im einzelnen Leben, der in Strömen von Generationen rätselhaft auftaucht und erlischt und plötzlich ein Zeitalter weithin erleuchtet. Talent ist eine Begabung für vorhandene Einzelaufgaben, die sich durch Tradition, Lernen, Übung, Dressur zu starker Wirkung ent-

---

[1] Es kommt vom lateinischen *genius*, der männlichen Zeugungskraft.

wickeln läßt. Talent setzt Genie voraus, um angewendet werden zu können, nicht umgekehrt.

Es gibt zuletzt einen natürlichen Rangunterschied zwischen Menschen, die zum Herrschen und die zum Dienen geboren sind, zwischen Führern und Geführten des Lebens. Er ist schlechthin vorhanden und wird in gesunden Zeiten und Bevölkerungen von jedermann unwillkürlich anerkannt, als Tatsache, obgleich sich in Jahrhunderten des Verfalls die meisten zwingen, das zu leugnen oder nicht zu sehen. Aber gerade das Gerede von der „natürlichen Gleichheit aller" beweist, daß es hier etwas fortzubeweisen gibt.

9

Das sprachgeleitete Unternehmen ist nun mit einer gewaltigen Einbuße an Freiheit, der alten Freiheit des Raubtieres, verbunden — für die Führer wie die Geführten. Sie werden beide geistig, seelisch, mit Leib und Leben Glieder einer größeren Einheit. Das nennen wir Organisation. Es ist die Zusammenfassung des tätigen Lebens in feste Formen, das In-Form-sein für Unternehmungen irgendwelcher Art. Mit dem Tun zu mehreren erfolgt der entscheidende Schritt vom organischen zum organisierten Dasein,

52

vom Leben in natürlichen zu dem in künstlichen Gruppen, vom Rudel zu Volk, Stamm,
Stand und Staat.

Aus Raubtierkämpfen zwischen einzelnen ist
der Krieg geworden, ein Unternehmen von
Stamm gegen Stamm, mit Führern und Gefolg-
schaften, mit organisierten Märschen, Überfällen
und Gefechten. Aus der Vernichtung des Besieg-
ten wird das Gesetz, das dem Unterliegenden
auferlegt wird. Das menschliche Recht ist immer
ein Recht des Stärkeren, das der Schwächere
zu befolgen hat,[1] und dieses Recht zwischen Stämmen als dauernd gedacht ist der „Friede“. Einen
solchen Frieden gibt es auch innerhalb des
Stammes, um seine Kräfte für Aufgaben nach
außen hin verfügbar zu halten: der Staat ist
die innere Ordnung eines Volkes für den
äußeren Zweck. Der Staat ist als Form, als Möglichkeit, was die Geschichte eines Volkes als
Wirklichkeit ist.[2] Geschichte aber ist Kriegs-
geschichte, damals wie heute. Politik ist nur der
vorübergehende Ersatz des Krieges durch den
Kampf mit geistigeren Waffen. Und die Mann-
schaft eines Volkes ist ursprünglich gleichbedeu-

---

[1] Unterg. d. Abendl. Bd. II Kap. I § 15; Kap. IV § 6.
[2] Ebenda.

tend mit seinem Heer. Der Charakter des freien
Raubtieres ist in wesentlichen Zügen vom einzelnen
auf das organisierte Volk übergegangen, das Tier
mit einer Seele und vielen Händen.[1] Regie-
rungs-, Kriegs- und diplomatische Technik haben
dieselbe Wurzel und zu allen Zeiten eine tief
innerliche Verwandtschaft.

Es gibt Völker, deren starke Rasse den Raub-
tiercharakter bewahrt hat, räuberische, erobernde,
Herrenvölker, Liebhaber des Kampfes gegen
Menschen, welche den wirtschaftlichen Kampf
gegen die Natur den andern überlassen, um
sie zu plündern und zu unterwerfen. Mit der Schiff-
fahrt zugleich ist der Seeraub, mit dem Nomaden-
leben der Überfall auf Handelsstraßen, mit dem
Bauerntum dessen Knechtung durch einen kriege-
rischen Adel gegeben.

Denn mit der Organisation zu Unternehmungen
trennt sich auch die politische und die wirt-
schaftliche Seite des Lebens, die Richtung auf
Macht oder auf Beute. Es gibt nicht nur eine
Gliederung innerhalb der Völker nach Tätig-
keiten, Krieger und Handwerker, Häuptlinge und
Bauern, sondern auch die Organisation ganzer
Stämme für einen einzigen wirtschaftlichen Be-

---

[1] Und mit einem Kopf, nicht mit vielen.

ruf. Es muß damals schon Jäger-, Viehzüchter-, Bauernstämme gegeben haben, Bergbau-, Töpfer- und Fischerdörfer, politische Organisationen von Seefahrern und Händlern. Und darüber hinaus gibt es Eroberervölker ohne wirtschaftliche Arbeit. Je härter der Kampf um Macht und Beute, desto enger und strenger die Bindungen des einzelnen durch Recht und Gewalt.

In den Stämmen dieser frühen Art bedeutet das einzelne Leben wenig oder gar nichts. Man mache sich nur klar — die isländischen Sagas geben einen Einblick —, daß bei jeder Fahrt über See nur ein Teil der Schiffe ankommt, daß bei jedem großen Bau ein erheblicher Teil der Arbeitenden zugrunde geht, daß ganze Stämme in Zeiten der Trockenheit verhungern — es kommt nur darauf an, daß so viele übrig bleiben, um die Seele des Ganzen zu repräsentieren. Die Zahl wächst rasch wieder nach. Als Vernichtung empfindet man nicht den Untergang einzelner oder vieler, sondern das Erlöschen der Organisation, des „Wir“.

In dieser wachsenden gegenseitigen Abhängigkeit liegt die stille und tiefe Rache der Natur an dem Wesen, das ihr das Vorrecht auf Schöpfertum entriß. Dieser kleine Schöpfer wider die Natur, dieser Revolutionär in der Welt des Lebens ist der Sklave seiner Schöpfung geworden. Die Kultur, der Inbegriff künstlicher, persönlicher, selbstgeschaffener Lebensformen, entwickelt sich zu einem Käfig mit engen Gittern für diese unbändige Seele. Das Raubtier, das andere Wesen zu Haustieren machte, um sie für sich auszubeuten, hat sich selbst gefangen. Das Haus des Menschen ist das große Symbol dafür.

Und seine wachsende Zahl, in welcher der einzelne sich bedeutungslos verliert. Denn das gehört zu den folgenschwersten Wirkungen menschlichen Unternehmergeistes, daß die Bevölkerung sich vervielfacht. Wo einst ein Rudel von wenigen hundert Köpfen schweifte, sitzt jetzt ein Volk von Zehntausenden.[1] Es gibt kaum noch menschenleere Räume. Volk grenzt an Volk, und die bloße Tatsache der Grenze, der Grenze eigener Macht, reizt die alten Instinkte zu Haß, Angriff und Vernichtung. Die Grenze jeder Art, auch die geistige, ist der Todfeind des Willens zur Macht.

Es ist nicht wahr, daß menschliche Technik Arbeit erspart. Es gehört zum Wesen der sich verändernden, persönlichen Menschentechnik im Gegensatz zur Gattungstechnik der Tiere, daß jede

---

[1] Und drängen sich heute Millionen.

Erfindung die Möglichkeit und Notwendigkeit
neuer Erfindungen enthält, daß jeder erfüllte
Wunsch tausend andere weckt, jeder Triumph
über die Natur zu noch größeren reizt. Die Seele
dieses Raubtiers ist unersättlich, sein Wollen nie
zu befriedigen — das ist der Fluch, der auf dieser
Art von Leben liegt, aber auch die Größe in ihrem
Schicksal. Ruhe, Glück, Genuß sind gerade den
höchsten Exemplaren unbekannt. Und kein Erfinder hat je die praktische Wirkung seiner Tat
richtig vorausgesehen. Je fruchtbarer die Führerarbeit ist, desto größer wird der Bedarf an aus-
führenden Händen. Deshalb beginnt man die
Gefangenen feindlicher Stämme, statt sie zu töten,
hinsichtlich ihrer Körperkraft auszubeuten. Das
ist der Beginn der Sklaverei, die genau so
alt sein muß wie die Sklaverei der Haustiere.

Diese Völker und Stämme vermehren sich ge-
wissermaßen nach unten. Nicht die Zahl der
„Köpfe" wächst, sondern die der Hände. Die
Gruppe der Führernaturen bleibt klein. Es ist
das Rudel der eigentlichen Raubtiere, das Rudel
der Begabten, das über die wachsende Herde
der andern in irgendeiner Weise verfügt.

Aber selbst diese Herrschaft der wenigen ist von
der alten Freiheit weit entfernt. Das liegt in dem

Worte Friedrichs des Großen: „Ich bin der erste
Diener meines Staates.“ Deshalb der tiefe ver-
zweifelte Drang der Ausnahmemenschen, innerlich frei zu bleiben. Hier und erst hier beginnt
der Individualismus als der Widerspruch
gegen die Psychologie der „Masse“. Es
ist das letzte Aufbäumen der Raubtierseele gegen
die Gefangenschaft in der Kultur, der letzte Versuch, sich der seelischen und geistigen Eineb-
nung zu entziehen, die durch die Tatsache der
großen Zahl bewirkt und dargestellt wird. Deshalb die Lebenstypen des Eroberers, des Aben-
teurers, des Einsiedlers, selbst ein gewisser Typus
von Verbrechern und Bohemiens. Man will der
Wirkung der saugenden Zahl entgehen, indem
man sich über sie stellt, vor ihr flieht, sie verachtet. Die Idee der Persönlichkeit, dunkel be-
ginnend, ist ein Protest gegen den Menschen der
Masse. Die Spannung zwischen beiden wächst bis
zum tragischen Ende.

Der Haß, das eigentliche Rassegefühl der Raubtiere, setzt voraus, daß man den Gegner achtet.
Es liegt eine gewisse Anerkennung der Gleichheit
des seelischen Ranges darin. Wesen, die tiefer
stehen, verachtet man. Wesen, die selbst tief
stehen, sind neidisch. Alle frühen Märchen,

Göttermythen und Heldensagen sind voll von
solchen Motiven. Der Adler haßt nur seinesgleichen. Er beneidet niemand, er verachtet viele,
alle. Die Verachtung blickt aus der Höhe herab,
der Neid schielt von unten herauf — es sind die
welthistorischen Gefühle der zu Staaten und
Ständen organisierten Menschheit, deren friedliche
Exemplare ohnmächtig an den Stäben des Käfigs
rütteln, der sie zusammen einschließt. Von dieser Tatsache und ihren Folgen kann nichts be-
freien. So war es, so wird es sein — oder es wird
gar nichts mehr sein. Es hat einen Sinn, diese
Tatsache zu achten oder zu verachten. Sie zu verändern ist unmöglich. Das Schicksal des Menschen
ist im Laufe und muß sich vollenden.

DER AUSGANG: AUFSTIEG UND ENDE DER MASCHINENKULTUR

10

Die „Kultur" der bewaffneten Hand hatte einen langen Atem und hat die ganze Gattung Mensch ergriffen. Die „Kulturen des Sprechens und Unternehmens" — es sind bereits mehrere, die sich deutlich unterscheiden lassen —, diese Kulturen des beginnenden seelischen Gegensatzes zwischen Persönlichkeit und Masse, des herrschsüchtig werdenden „Geistes" und des von ihm vergewaltigten Lebens ergreifen nur noch einen Teil der Menschenwelt und sind heute, nach wenigen Jahrtausenden, längst alle erloschen und zersetzt. Was wir „Naturvölker" und „Primitive" nennen, sind nur die Reste des lebenden Materials, Ruinen einstiger durchseelter Formen, Schlacken, aus denen die Glut des Werdens und Vergehens entschwunden ist.

Aus diesem Boden wachsen seit 3000 v. Chr. hier und dort die hohen Kulturen[1] auf, Kulturen im engsten und größten Sinne, jede nur noch einen sehr kleinen Raum der Erdoberfläche erfüllend und von der Dauer kaum eines Jahrtausends. Es ist

---

[1] Unterg. d. Abendl. I Kap. II § 6.

das Tempo der letzten Katastrophen. Jedes Jahrzehnt bedeutet etwas, jedes einzelne Jahr fast hat „ein Gesicht". Es ist Weltgeschichte im eigentlichsten, anspruchsvollsten Sinne. Diese Gruppe von leidenschaftlichen Lebensläufen hat als ihr Symbol und ihre „Welt" die S t a d t erfunden, gegenüber dem D o r f der voraufgehenden Stufe, die steinerne Stadt als das Gehäuse des ganz künstlichen, von der mütterlichen Erde getrennten, v o l l k o m m e n gegennatürlich gewordenen Lebens, die Stadt des wurzellosen Denkens, welche die Ströme des Lebens vom Lande an sich zieht und verbraucht.[1]

Dort entsteht die „G e s e l l s c h a f t"[2] mit ihrer ständischen Rangordnung — Adlige, Priester, Bürger — gegenüber dem „groben Bauerntum" als die k ü n s t l i c h e Stufung des Lebens — die n a t ü r l i c h e ist die in Starke und Schwache, Kluge und Dumme — und als Sitz einer vollkommen durchgeistigten Kulturentwicklung. Dort herrschen „Luxus" und „Reichtum". Das sind Begriffe, die von denen, die nicht dazu gehören, neidisch mißverstanden werden. Aber Luxus ist nichts als Kultur in anspruchsvollster Form. Man denke an das Athen des Perikles, das Bagdad Harun al Raschids und an

---

[1] Unterg. d. Abendl. II Kap. II: Die Seele der Stadt.
[2] Unterg. d. Abendl. II Kap. IV § 1 und 4.

das Rokoko. Diese Kultur der Städte ist durch und durch Luxus, in allen Schichten und Berufen, um so reicher und reifer, je später die Zeiten werden, durch und durch künstlich, ob es sich nun um Künste der Diplomatie, der Lebensführung, des Schmückens, Schreibens und Denkens oder des Wirtschaftslebens handelt. Ohne wirtschaftlichen Reichtum, der sich in wenigen Händen sammelt, ist auch „Reichtum" an bildenden Künsten, an Geist, an vornehmer Sitte unmöglich, um von dem Luxus an Weltanschauungen, an theoretischem statt praktischem Denken zu schweigen. Wirtschaftliche Verarmung zieht geistige und künstlerische sofort nach sich.

Und in diesem Sinne sind auch die technischen Verfahren, die in der Gruppe dieser Kulturen heranreifen, geistiger Luxus, späte, süße, leichtverletzliche Früchte einer wachsenden Künstlichkeit und Durchgeistigung. Sie beginnen mit dem Bau der Gräberpyramiden Ägyptens und der sumerischen Tempeltürme Babyloniens, die im dritten Jahrtausend v. Chr. tief im Süden entstehen und lediglich den Sieg über schwere Massen bedeuten, und gehen über die Unternehmungen der chinesischen, indischen, antiken, der arabischen und mexikanischen Kultur bis zu denen der faustischen im zweiten Jahrtausend n. Chr. im hohen Norden, welche den Sieg über schwere Probleme reinen technischen Denkens darstellen.

Denn diese Kulturen wachsen unabhängig voneinander und in einer Folge auf, die von Süden nach Norden weist. Die faustische, westeuropäische Kultur ist vielleicht nicht die letzte, sicherlich aber die gewaltigste, leidenschaftlichste, durch ihren inneren Gegensatz zwischen umfassender Durchgeistigung und tiefster seelischer Zerrissenheit die tragischste von allen. Es ist möglich, daß noch ein matter Nachzügler kommt, etwa irgendwo in der Ebene zwischen Weichsel und Amur und im nächsten Jahrtausend, hier aber ist der Kampf zwischen der Natur und dem Menschen, der sich durch sein historisches Dasein gegen sie aufgelehnt hat, praktisch zu Ende geführt worden.

Die nordische Landschaft hat den Menschenschlag in ihr durch die Schwere der Lebensbedingungen, die Kälte, die beständige Lebensnot zu harten Rassen geschmiedet, mit einem bis aufs äußerste geschärften Geist, mit der kalten Glut einer unbändigen Leidenschaft im Kämpfen, Wagen, Vorwärtsdrängen — das, was ich das Pathos der dritten Dimension genannt habe.[1] Es sind

---

[1] Unterg. d. Abendl. I Kap. III § 2 f., Kap. V § 3.

noch einmal echte Raubtiere, deren Seelenkraft nach der Unmöglichkeit ringt, die Übermacht des Denkens, des organisierten künstlichen Lebens über das Blut zu brechen und in ein Dienen zu verwandeln, das Schicksal der freien Persönlichkeit zum Sinn der Welt zu erheben. Ein Wille zur Macht, der aller Grenzen von Zeit und Raum spottet, der das Grenzenlose, das Unendliche zum eigentlichen Ziel hat, unterwirft sich ganze Erdteile, umfaßt zuletzt den Erdball mit den Formen seines Verkehrs und seines Nachrichtenwesens und verwandelt ihn durch die Gewalt seiner praktischen Energie und die Ungeheuerlichkeit seiner technischen Verfahren.

Am Anfang jeder hohen Kultur bilden sich die beiden Urstände, Adel und Priestertum, als die Anfänge der „Gesellschaft" über dem bäuerlichen Leben des flachen Landes.[1] Sie verkörpern Ideen, und zwar Ideen, die einander ausschließen. Der Adlige, Krieger, Abenteurer lebt in der Welt der Tatsachen, der Priester, Gelehrte, Philosoph in seiner Welt der Wahrheiten. Der eine erleidet oder ist ein Schicksal, der andere denkt in Kausalitäten. Jener will den Geist in den Dienst eines starken Lebens stellen, dieser sein Leben in

---

[1] Unterg. d. Abendl. II Kap. IV § 2.

den Dienst des Geistes. Nirgends hat der Gegensatz unversöhnlichere Formen angenommen als in der faustischen Kultur, in der das stolze Blut der Raubtiere sich zum letzten Male gegen die Tyrannei des reinen Denkens auflehnt. Von dem Kampf zwischen den Ideen des Kaisertums und Papsttums im 12. und 13. Jahrhundert an bis zum Kampf zwischen den Mächten einer vornehmen Rassetradition — Königtum, Adel, Heer — und den Theorien eines plebejischen Rationalismus, Liberalismus, Sozialismus — von der französischen bis zur deutschen Revolution — wurde immer wieder die Entscheidung gesucht.

11

Dieser Unterschied besteht in voller Größe zwischen den Wikingern des Blutes und den Wikingern des Geistes im Aufstieg der faustischen Kultur. Jene erreichen in unstillbarem Drang nach unendlichen Fernen vom hohen Norden aus 796 Spanien, 859 das Innere Rußlands, 861 Island und zur selben Zeit Marokko, von dort her die Provence und die Nähe von Rom, 865 über Kijew (Kaenugard) das Schwarze Meer und Byzanz, 880 das Kaspische Meer, 909 Persien. Sie besiedeln um 900 die Normandie und Island, um 980 Grönland, entdecken um 1000 Nordamerika. 1029 sind sie von der Normandie her in Unteritalien und Sizilien, 1034 von Byzanz aus in Griechenland und Kleinasien, 1066 erobern sie von der Normandie aus England.[1]

Mit derselben Kühnheit und demselben Hunger nach geistiger Macht und Beute dringen nordische Mönche des 13. und 14. Jahrhunderts in die Welt technisch-physikalischer Probleme ein. Hier ist nichts von der tatfremden müßigen Neugierde chinesischer, indischer, antiker und arabischer Gelehrten. Hier gibt es keine Spekulation mit dem Ziel, eine bloße „Theorie", ein Bild zu erhalten von dem, was man nicht wissen kann. Zwar ist jede naturwissenschaftliche Theorie ein Mythus des Verstandes von den Mächten der Natur, und jede ist von der zugehörigen Religion durch und durch abhängig.[2] Hier aber, und hier allein, ist die Theorie von Anfang an Arbeitshypothese.[3] Eine Arbeitshypothese braucht nicht „richtig", sie muß nur praktisch brauchbar sein. Sie will die Geheimnisse der Welt rings um uns her nicht enthüllen, sondern bestimmten Zwecken dienst-

---

[1] K. Th. Strasser, Wikinger und Normannen (1928).
[2] Z. folg. Unterg. d. Abendl. Bd. I Kap. VI.
[3] Ebenda Bd. II Kap. III § 19.

bar machen. Deshalb die Forderung der mathematischen Methode, die von den Engländern Grosseteste (geb. 1175) und Roger Bacon (geb. um 1210), den Deutschen Albertus Magnus (geb. 1193) und Witelo (geb. 1220) erhoben wurde. Deshalb das Experiment, Bacons scientia experimentalis, die Befragung der Natur mit der Folter, mit Hebeln und Schrauben.[1] Experimentum enim solum certificat, wie Albertus Magnus schrieb. Es ist die Kriegslist geistiger Raubtiere. Sie glaubten, daß sie „Gott erkennen" wollten, und wollten doch allein die Kräfte der anorganischen Natur, die unsichtbare Energie in allem, was geschieht, isolieren, faßbar, benutzbar machen. Die faustische Naturwissenschaft und diese allein ist Dynamik, gegenüber der Statik der Griechen und der Alchymie der Araber.[2] Nicht auf Stoffe, sondern auf Kräfte kommt es an. Die Masse selbst ist eine Funktion der Energie. Grosseteste entwickelt eine Theorie des Raumes als einer Funktion des Lichtes, Petrus Peregrinus eine Theorie des Magnetismus. In einer Handschrift von 1322 wird die kopernikanische Theorie von der Bewegung der Erde um die Sonne angedeutet, worauf fünfzig Jahre

---

[1] Ebenda Bd. II Kap. V § 6.
[2] Ebenda Bd. I Kap. VI § 12.

später Nikolaus von Oresme in „De coelo et mundo" diese Theorie klarer und tiefer begründet als Kopernikus selbst und in „De differentia qualitatum" die Fallgesetze Galileis und die Koordinatengeometrie von Descartes vorwegnimmt. Man erblickt in Gott nicht mehr den Herrn, der von seinem Thron aus die Welt regiert, sondern eine unendliche, kaum noch persönlich gedachte Kraft, die überall in der Welt gegenwärtig ist. Es war ein seltsamer Gottesdienst, diese experimentelle Erforschung der geheimen Kräfte durch fromme Mönche. Und, wie ein alter deutscher Mystiker sagte: Indem du Gott dienst, dient Gott dir.

Man hatte es satt, sich mit dem Dienste von Pflanzen, Tieren und Sklaven zu begnügen, die Natur ihrer Schätze zu berauben — der Metalle, Steine, Hölzer, Faserstoffe, des Wassers in Kanälen und Brunnen —, ihre Widerstände zu besiegen durch Schiffahrt, Straßen, Brücken, Tunnels und Deiche. Sie sollte nicht mehr in ihren Stoffen geplündert, sondern in ihren Kräften selbst ins Joch gespannt werden und Sklavendienste tun, um die Stärke des Menschen zu vervielfachen. Dieser ungeheuerliche Gedanke, so fremd allen andern, ist so alt wie die faustische Kultur. Schon im 10. Jahrhundert treffen wir technische Konstruktionen von einer ganz neuen Art. Schon Roger Bacon und Albertus Magnus haben über Dampfmaschinen, Dampfschiffe und Flugzeuge nachgedacht. Und viele grübelten in ihren Klosterzellen über der Idee des Perpetuum mobile.[1]

Dieser Gedanke ließ uns nicht wieder los. Das wäre der endgültige Sieg über Gott oder die Natur — deus sive natura — gewesen: Eine kleine selbstgeschaffene Welt, die sich wie die große aus eigener Kraft bewegt und nur dem Finger des Menschen gehorcht. Selbst eine Welt erbauen, selbst Gott sein — das war der faustische Erfindertraum, aus dem von da an alle Entwürfe von Maschinen hervorgingen, die sich dem unerreichbaren Ziel des Perpetuum mobile so sehr als möglich näherten. Der Begriff der Beute des Raubtieres wird zu Ende gedacht. Nicht dies und das, wie das Feuer, das Prometheus stahl, sondern die Welt selbst wird mit dem Geheimnis ihrer Kraft als Beute davongeschleppt, hinein in den Bau dieser Kultur. Wer nicht selbst von diesem Willen zur Allmacht über die Natur besessen war, mußte das als teuflisch empfinden, und man hat die Maschine stets als die Erfindung des Teufels empfunden und

---

[1] Unterg. d. Abendl. Bd. II Kap. V: Die Maschine. — Epistola de Magnete des Petrus Peregrinus von 1269.

gefürchtet. Mit Roger Bacon beginnt die lange
Reihe derjenigen, die als Zauberer und Ketzer zugrunde gingen.

Aber die Geschichte der westeuropäischen Technik schritt vorwärts. Um 1500 beginnt mit Vasco
da Gama und Kolumbus eine neue Reihe von Wi-
kingerzügen. Neue Reiche werden in West- und
Ostindien geschaffen oder erobert und ein Strom
von Menschen nordischen Blutes[1] ergießt sich nach
Amerika, wo einst die Islandfahrer vergeblich
gelandet waren. Und gleichzeitig werden die
Wikingerfahrten des Geistes in gewaltigem Maß-
stabe fortgesetzt. Schießpulver und Buchdruck
werden erfunden. Seit Kopernikus und Galilei
folgen unzählige technische Verfahren aufein-
ander, die sämtlich den Sinn hatten, anorganische Kraft aus der Umwelt zu isolieren und an der
Stelle von Tieren und Menschen Arbeit leisten
zu lassen.

Die Technik ist mit den wachsenden Städten
bürgerlich geworden. Der Nachfolger jener go-
tischen Mönche war der weltlich gelehrte Erfinder, der wissende Priester der Maschine.

---

[1] Denn auch was aus Spanien, Portugal und Frankreich hinüber-
wandert, sind sicherlich zum größten Teil Nachkommen der Eroberer
aus der Völkerwanderung gewesen. Was zurückblieb, war der Menschenschlag, der schon Kelten, Römer und Sarazenen überdauert hatte.

Mit dem Rationalismus endlich wird der „Glaube
an die Technik" fast zur materialistischen Religion:
Die Technik ist ewig und unvergänglich wie Gott
Vater; sie erlöst die Menschheit wie der Sohn;
sie erleuchtet uns wie der Heilige Geist. Und ihr
Anbeter ist der Fortschrittsphilister der Neuzeit,
von Lamettrie bis Lenin.

In Wirklichkeit hat die Leidenschaft des Erfin-
ders mit ihren Folgen gar nichts zu tun. Sie ist
sein persönlicher Lebenstrieb, sein persön-
liches Glück und Leiden. Er will für sich den
Triumph über schwierige Probleme genießen, den
Reichtum und Ruhm, den ihm der Erfolg ein-
bringt. Ob seine Erfindung nützlich oder verhängnisvoll ist, schaffend oder zerstörend, das ficht ihn
nicht an, selbst wenn irgendein Mensch imstande
wäre, das von Anfang an zu wissen. Aber die Wirkung einer „technischen Errungenschaft der
Menschheit" sieht niemand voraus, abgesehen
davon, daß „die Menschheit" nie etwas erfunden
hat. Chemische Erfindungen wie die Synthese des
Indigo und in kurzer Zeit wahrscheinlich die des
künstlichen Gummi zerstören die Lebensbedingungen ganzer Länder, die elektrische Kraftübertra-
gung und die Erschließung der Wasserkräfte haben
die alten Kohlengebiete Europas samt ihrer Be-

völkerung entwertet. Haben solche Überlegun-
gen je einen Erfinder dahin gebracht, sein Werk zu
vernichten? Dann kennt man die Raubtiernatur des
Menschen schlecht. Alle großen Erfindungen und
Unternehmungen stammen aus der Freude starker
Menschen am Sieg. Sie sind Ausdruck der Persönlichkeit und nicht des Nützlichkeitsdenkens
der Massen, die nur zusehen, aber die Folgen
hinnehmen müssen, wie sie auch sind.

Und diese Folgen sind ungeheuerlich. Die kleine
Schar der geborenen Führer, der Unternehmer und
Erfinder, zwingt die Natur, eine Arbeit zu leisten,
die nach Millionen und Milliarden von — Pferdekräften bemessen wird und der gegenüber das
Quantum menschlicher Körperkraft nichts mehr
bedeutet. Man versteht die Geheimnisse der Natur
so wenig als je, aber man kennt die Arbeitshypothese, die nicht „wahr", sondern nur zweckmäßig
ist, mit deren Hilfe man sie zwingt, dem menschlichen Befehl, dem leisesten Druck auf einen
Knopf oder Hebel zu gehorchen. Das Tempo der
Erfindungen wächst ins Phantastische, und trotzdem, es muß immer wieder gesagt werden, es wird
dabei nichts von menschlicher Arbeit gespart. Die
Zahl der notwendigen Hände wächst mit der
Zahl der Maschinen, weil der technische Luxus

jede andere Art von Luxus steigert[1] und weil das
künstliche Leben immer künstlicher wird.

Seit der Erfindung der Maschine, der listigsten
aller Waffen gegen die Natur, die überhaupt möglich
ist, haben Unternehmer und Erfinder die Zahl der
Hände, deren sie bedürfen, im wesentlichen auf
deren Herstellung verwendet. Die Arbeit der
Maschine wird von der anorganischen Kraft ge-
leistet, der Spannkraft von Dampf oder Gas, der
Elektrizität und der Wärme, die aus oder durch
Kohle, Erdöl und Wasser befreit werden. Aber damit ist die seelische Spannung zwischen Führern
und Geführten gefährlich gewachsen. Man versteht einander nicht mehr. Die frühesten „Unternehmungen" der vorchristlichen Jahrtausende
forderten die verstehende Mitarbeit aller, die
wußten und fühlten, um was es ging. Es war eine
Art Kameradschaft dabei, wie heute auf der Treib-
jagd und beim Sport. Schon bei den großen Bauten im frühen Ägypten und Babylonien kann das
nicht mehr der Fall gewesen sein. Der einzelne
Arbeiter begriff weder das Ziel noch den Zweck
des ganzen Verfahrens. Sie waren ihm auch gleich-

---

[1] Man vergleiche das Leben von Arbeitern um 1700 und 1900
und die Lebenshaltung städtischer Arbeiter überhaupt mit der von
Bauern.

gültig, vielleicht verhaßt. „Arbeit“ war ein Fluch, wie es die Paradieserzählung am Anfang der Bibel darstellt. Jetzt aber, seit dem 18. Jahrhundert, arbeiten die zahllosen „Hände“ an Dingen, von deren tatsächlicher Rolle im Leben, auch im eigenen, sie gar nichts mehr wissen und an deren Gelingen sie gar keinen inneren Anteil nehmen. Eine seelische Verödung greift um sich, eine trostlose Gleichförmigkeit ohne Höhen und Tiefen, die Erbitterung weckt — gegen das Leben der Begabten, die schöpferisch geboren sind. Man will es nicht sehen, man versteht es nicht mehr, daß Führerarbeit die härtere Arbeit ist, daß das eigene Leben von ihrem Gelingen abhängt. Man fühlt nur, daß diese Arbeit glücklich macht, daß sie die Seele beschwingt und bereichert, und darum haßt man sie.

12

In der Tat aber vermögen weder die Köpfe noch die Hände etwas an dem Schicksal der Maschinentechnik zu ändern, die sich aus innerer, seelenhafter Notwendigkeit entwickelt hat und nun der Vollendung, dem Ende entgegenreift. Wir stehen heute auf dem Gipfel, dort, wo der fünfte Akt beginnt. Die letzten Entscheidungen fallen. Die Tragödie schließt.

Jede hohe Kultur ist eine Tragödie; die Geschichte des Menschen im Ganzen ist tragisch. Der Frevel und Sturz des faustischen Menschen aber ist größer als alles, was Äschylus und Shakespeare je geschaut haben. Die Schöpfung erhebt sich gegen den Schöpfer: Wie einst der Mikrokosmos Mensch gegen die Natur, so empört sich jetzt der Mikrokosmos Maschine gegen den nordischen Menschen. Der Herr der Welt wird zum Sklaven der Maschine. Sie zwingt ihn, uns, und zwar alle ohne Ausnahme, ob wir es wissen und wollen oder nicht, in die Richtung ihrer Bahn. Der gestürzte Sieger wird von dem rasenden Gespann zu Tode geschleift.

Zu Beginn des 20. Jahrhunderts sieht die „Welt" auf diesem kleinen Planeten so aus: Eine Gruppe von Nationen nordischen Blutes unter der Führung von Engländern, Deutschen, Franzosen und Yankees beherrscht die Lage. Ihre politische Macht beruht auf ihrem Reichtum, und ihr Reichtum besteht in der Stärke ihrer Industrie. Diese aber ist an das Dasein von Kohle gebunden. Die Lage der erschlossenen Kohlengebiete sichert vor allem den germanischen Völkern beinahe das Monopol und führt zu einer Vermehrung der Bevölkerung, die in der gesamten Geschichte ohne Beispiel ist.

Auf dem Rücken der Kohle und an den Knotenpunkten der von ihr ausstrahlenden Verkehrswege sammelt sich eine Menschenmasse von ungeheurem Ausmaß, die von der Maschinentechnik gezüchtet ist, für sie arbeitet und von ihr lebt. Die übrigen Völker werden, ob in der Gestalt von Kolonien oder als scheinbar unabhängige Staaten, in der Rolle von Rohstofferzeugern und Abnehmern erhalten. Diese Verteilung wird gesichert durch Heere und Flotten, deren Unterhalt den Reichtum von Industrieländern voraussetzt, und die infolge ihrer technischen Durchbildung selbst Maschinen geworden sind und auf einen Fingerdruck hin „arbeiten". Wieder zeigt sich die tiefe Verwandtschaft, ja fast Identität von Politik, Krieg und Wirtschaft. Der Grad der militärischen Macht ist vom Rang der Industrie abhängig. Industriearme Länder sind arm überhaupt, also können sie kein Heer und keinen Krieg bezahlen, also sind sie politisch ohnmächtig, also sind die Arbeiter in ihnen, Führer wie Geführte, Objekte der Wirtschaftspolitik ihrer Gegner.

Gegenüber den Massen ausführender Hände, die der mißgünstige „Blick der Kleinen" allein sieht, wird der steigende Wert der Führerarbeit

weniger schöpferischer Köpfe, der Unternehmer,
Organisatoren, Erfinder, Ingenieure, nicht mehr
begriffen und gewürdigt,[1] am meisten noch im
praktischen Amerika, am wenigsten im Deutsch-
land der „Dichter und Denker". Der alberne Satz:
„Alle Räder stehen still, wenn dein starker Arm
es will" umnebelt die Gehirne von Schwätzern und
Schreibern. Das kann auch ein Ziegenbock, der
ins Getriebe gerät. Aber diese Räder erfinden und
beschäftigen, damit jener „starke Arm" sich er-
nähren kann, das vermögen nur wenige, die dazu
geboren sind.

Diese Unverstandenen und Verhaßten, das Rudel
der starken Persönlichkeiten, haben eine andere
Psychologie. Sie kennen noch das Triumphgefühl
des Raubtieres, das die zuckende Beute unter den
Klauen hält, das Gefühl des Kolumbus, als am
Horizont das Land erschien, das Gefühl Moltkes
bei Sedan, als er am Nachmittag von der Höhe
von Frénois aus beobachtete, wie sich der Ring
seiner Artillerie bei Illy schloß und damit den
Sieg vollendete. Solche Augenblicke, der Gipfel
dessen, was ein Mensch erleben kann, sind die, in
denen ein großes Schiff vor den Augen seines Er-
bauers die Helling verläßt, eine neu erfundene

---

[1] Unterg. d. Abendl. Bd. II Kap. V § 7.

Maschine tadellos zu arbeiten beginnt, oder der erste Zeppelin sich vom Boden erhob.

Aber das gehört zur Tragik dieser Zeit, daß das entfesselte menschliche Denken seine eigenen Folgen nicht mehr zu erfassen vermag. Die Technik ist esoterisch geworden wie die höhere Mathematik, deren sie sich bedient, wie die physikalische Theorie, die bei ihrem Zerdenken von Abstraktionen der Erscheinung bis zu den reinen Grundformen menschlichen Erkennens vorgedrungen ist, ohne es recht zu bemerken.[1] Die Mechanisierung der Welt ist in ein Stadium gefährlichster Überspannung eingetreten. Das Bild der Erde mit ihren Pflanzen, Tieren und Menschen hat sich verändert. In wenigen Jahrzehnten sind die meisten großen Wälder verschwunden, in Zeitungspapier verwandelt worden und damit Veränderungen des Klimas eingetreten, welche die Landwirtschaft ganzer Bevölkerungen bedrohen; unzählige Tierarten sind wie der Büffel ganz oder fast ganz ausgerottet, ganze Menschenrassen wie die nordamerikanischen Indianer und die Australier beinahe zum Verschwinden gebracht worden.

Alles Organische erliegt der um sich greifenden Organisation. Eine künstliche Welt durchsetzt

---

[1] Unterg. d. Abendl. Bd. I Kap. VI § 14—15.

und vergiftet die natürliche. Die Zivilisation ist selbst eine Maschine geworden, die alles maschinenmäßig tut oder tun will. Man denkt nur noch in Pferdekräften. Man erblickt keinen Wasserfall mehr, ohne ihn in Gedanken in elektrische Kraft umzusetzen. Man sieht kein Land voll weidender Herden, ohne an die Auswertung ihres Fleischbestandes zu denken, kein schönes altes Handwerk einer urwüchsigen Bevölkerung ohne den Wunsch, es durch ein modernes technisches Verfahren zu ersetzen. Ob es einen Sinn hat oder nicht, das technische Denken will Verwirklichung. Der Luxus der Maschine ist die Folge eines Denkzwanges. Die Maschine ist letzten Endes ein Symbol, wie ihr geheimes Ideal, das Perpetuum mobile, eine seelisch-geistige, aber keine vitale Notwendigkeit.

Sie beginnt der wirtschaftlichen Praxis vielfach zu widersprechen. Der Zerfall meldet sich schon allenthalben. Die Maschine hebt ihren Zweck durch ihre Zahl und ihre Verfeinerung zuletzt auf. Das Automobil hat sich in den großen Städten durch seine Massenhaftigkeit um die Wirkung gebracht und man kommt schneller zu Fuß vorwärts. In Argentinien, Java und anderswo erweist sich der einfache Pferdepflug der kleinen Besitzer den großen Motoren gegenüber als wirtschaftlich überlegen und verdrängt sie wieder. Schon ist in vielen tropischen Gebieten der farbige Bauer mit seiner primitiven Arbeitsweise ein gefährlicher Konkurrent des modernen technischen Plantagenbetriebes der Weißen geworden. Und der weiße Industriearbeiter im alten Europa und Nordamerika beginnt mit seiner Arbeit fragwürdig zu werden.

Es ist Torheit, wie es im 19. Jahrhundert Mode war, von der drohenden Erschöpfung der Kohlenlager in wenigen Jahrhunderten und deren Folgen zu reden. Auch das war materialistisch gedacht. Abgesehen davon, daß heute schon Erdöl und Wasserkraft als anorganische Kraftreserven von größtem Umfang herangezogen sind, würde technisches Denken sehr bald noch ganz andere Quellen entdecken und erschließen. Aber es handelt sich gar nicht um solche Zeiträume. Die westeuropäisch-amerikanische Technik wird früher zu Ende sein. Kein platter Umstand wie der Mangel an Stoffen würde diese gewaltige Entwicklung aufhalten können. Solange der in ihr wirkende Gedanke auf der Höhe ist, wird er immer die Mittel zu seinen Zwecken zu schaffen wissen.

Aber wie lange wird er auf der Höhe sein? Um auch nur den gegenwärtigen Bestand an techni-

schen Verfahren und Anlagen auf dem gleichen
Niveau zu erhalten, sind, sagen wir, 100 000 her-
vorragende Köpfe nötig, Organisatoren, Erfinder
und Ingenieure. Es müssen starke, sogar schöpferische Begabungen sein, für ihre Sache begeistert
und mit eisernem Fleiß und großen Kosten durch
Jahre hindurch daraufhin ausgebildet. In der Tat
haben seit 50 Jahren die meisten starken Begabungen unter der Jugend der weißen Völker eine
vorherrschende Neigung gerade für diesen Beruf
empfunden. Schon die Knaben spielten mit technischen Dingen. In den städtischen Schichten und
Familien, deren Söhne hier vorwiegend in Betracht kommen, waren Wohlstand, eine Tradition
geistiger Berufe und verfeinerte Kultur vorhanden, die normalen Voraussetzungen für die Ausbildung dieses reifen und späten Produktes, des
technischen Denkens.

Das wendet sich seit Jahrzehnten immer deut-
licher, in allen Ländern mit großer und alter Industrie. Das faustische Denken beginnt der Technik satt zu werden. Eine Müdigkeit verbreitet sich,
eine Art Pazifismus im Kampfe gegen die Natur.
Man wendet sich zu einfacheren, naturnäheren Lebensformen, man treibt Sport statt technischer
Versuche, man haßt die großen Städte, man

möchte aus dem Zwang seelenloser Tätigkeiten, aus der Sklaverei der Maschine, aus der klaren und kalten Atmosphäre technischer Organisation heraus. Gerade die starken und schöpferischen Begabungen wenden sich von praktischen Problemen und Wissenschaften ab und der reinen Spekulation zu. Okkultismus und Spiritismus, indische Philosophien, metaphysische Grübeleien christlicher oder heidnischer Färbung, die man zur Zeit des Darwinismus verachtete, tauchen wieder auf. Es ist die Stimmung Roms zur Zeit des Augustus. Aus Lebensüberdruß flüchtet man aus der Zivilisation in primitivere Erdteile, ins Landstreichertum, in den Selbstmord. Die Flucht der geborenen Führer vor der Maschine beginnt. Bald werden nur noch Talente zweiten Ranges, Nachzügler einer großen Zeit, verfügbar sein. Jeder große Unternehmer stellt die Abnahme der geistigen Qualitäten des Nachwuchses fest. Aber die großartige technische Entwicklung des 19. Jahrhunderts war nur auf Grund des beständig steigenden geistigen Niveaus möglich gewesen. Nicht die Abnahme allein, schon der Stillstand ist gefährlich und weist auf ein Ende, mögen noch soviel gutgeschulte Hände zur Arbeit bereit sein.

Aber wie steht es damit? Die Spannung zwi-

schen Führerarbeit und ausführender Arbeit hat
den Grad einer Katastrophe erreicht. Die Bedeutung der ersteren und der wirtschaftliche Wert
jeder echten Persönlichkeit in ihr ist so groß
geworden, daß sie den meisten von unten her nicht
mehr sichtbar und verständlich ist. In der andern,
der Arbeit der Hände, ist der einzelne nun ganz
ohne Bedeutung. Nur die Zahl hat noch Wert. Das
Wissen um diese unabänderliche Lage, das von
egoistischen Rednern und Schreibern gereizt, vergiftet und finanziell ausgebeutet wird, ist so trostlos,
daß eine Auflehnung gegen die Rolle, welche die
Maschine, nicht deren Besitzer, den meisten
zuweist, menschlich genug ist. Es beginnt in zahllosen Formen, vom Attentat über den Streik bis zum
Selbstmord, die Meuterei der Hände gegen ihr
Schicksal, gegen die Maschine, gegen das organisierte Leben, zuletzt gegen alle und alles. Die
Organisation der Arbeit, wie sie seit Jahrtausenden im Begriff des Tuns zu mehreren[1] liegt,
und welche den Unterschied von Führern und Geführten, von Köpfen und Händen zur Grundlage
hat, wird von unten her aufgelöst. Aber „Masse" ist
nur eine Verneinung, und zwar des Begriffes der
Organisation, nichts was für sich lebensfähig wäre.

---

[1] S. 44 ff.

Ein Heer ohne Offiziere ist nur ein überflüssiger und verlorener Menschenhaufe.[1] Ein Gewirr von Ziegeltrümmern und Eisenfragmenten ist kein Gebäude mehr. Diese Meuterei rings auf der Erde droht die Möglichkeit technisch-wirtschaftlicher Arbeit aufzuheben. Die Führer können fliehen, aber die überflüssig gewordenen Geführten sind verloren. Ihre Zahl bedeutet ihren Tod.

Das dritte und schwerste Symptom des beginnenden Zusammenbruchs aber liegt in dem, was ich den Verrat an der Technik nennen möchte. Es handelt sich um Dinge, die jeder kennt, die aber nie in dem Zusammenhang gesehen werden, der erst ihren verhängnisvollen Sinn offenbart. Die ungeheure Überlegenheit Westeuropas und Nordamerikas in der zweiten Hälfte des vorigen Jahrhunderts an Macht jeder Art, wirtschaftlicher, politischer, militärischer, finanzieller Macht, beruht auf einem unbestrittenen Monopol der Industrie. Große Industrien gab es nur im Zusammenhang mit Kohlenlagern in diesen nordischen Ländern. Der Rest der Welt war Absatzgebiet, und die Kolonialpolitik wirkte stets in der Richtung der Erschlie-

---

[1] Die Sowjetherrschaft versucht seit 15 Jahren nichts anderes, als unter neuen Namen die politischen, militärischen und wirtschaftlichen Organisationen wiederherzustellen, die sie zerstört hat.

ßung neuer Absatz- und Rohstoff-, nicht Produktionsgebiete. Kohle gab es auch anderswo, aber nur der „weiße" Ingenieur hätte sie erschließen können. Wir waren im Alleinbesitz nicht der Stoffe, sondern der Methoden und der Gehirne, die zu deren Anwendung geschult waren. Darauf beruht die luxuriöse Lebenshaltung des weißen Arbeiters, der im Vergleich zum farbigen[1] fürstliche Einnahmen besitzt, ein Umstand, den der Marxismus zu seinem Verderben unterschlagen hat. Das rächt sich heute, wo von hier aus das Problem der Arbeitslosigkeit in die Entwicklung geworfen wird. Der Lohn des weißen Arbeiters, heute eine Gefahr für sein Leben, beruht in seiner Höhe ausschließlich auf dem Monopol, das die Führer der Industrie um ihn herum aufgerichtet hatten.[2]

Da beginnt am Ende des Jahrhunderts der blinde Wille zur Macht entscheidende Fehler zu begehen. Statt das technische Wissen geheim zu halten, den größten Schatz, den die „weißen" Völker besaßen, wurde es auf allen Hochschulen, in Wort und Schrift prahlerisch aller Welt dargeboten, und man war

---

[1] Ich verstehe unter „Farbigen" auch die Bewohner Rußlands und eines Teils von Süd- und Südosteuropa.

[2] Schon die Spannung zwischen dem Lohn eines Knechtes auf dem Lande und dem Einkommen eines Metallarbeiters beweist das.

stolz auf die Bewunderung von Indern und Japanern. Die bekannte „Industriezerstreuung" setzt ein, auch aus der Überlegung, daß man die Produktion dem Abnehmer nähern müsse, um größere Gewinne zu erzielen. Es beginnt statt des Exports ausschließlich von Produkten der Export von Geheimnissen, von Verfahren, Methoden, Ingenieuren und Organisatoren. Selbst Erfinder wandern aus. Der Sozialismus, der sie in sein Joch spannen möchte, vertreibt sie. Alle „Farbigen" sahen in das Geheimnis unserer Kraft hinein, begriffen es und nützten es aus. Die Japaner wurden binnen 30 Jahren technische Kenner ersten Ranges und bewiesen im Kriege gegen Rußland eine kriegstechnische Überlegenheit, von welcher ihre Lehrmeister lernen konnten. Heute sind allenthalben, in Ostasien, Indien, Südamerika, Südafrika, Industriegebiete entstanden oder in Bildung begriffen, die infolge ihrer niedrigen Löhne eine tödliche Konkurrenz darstellen. Die unersetzlichen Vorrechte der weißen Völker sind verschwendet, verschleudert, verraten worden. Die Gegner haben ihre Vorbilder erreicht, vielleicht mit der Verschmitztheit farbiger Rassen und der überreifen Intelligenz uralter Zivilisationen übertroffen. Wo es Kohle, Erdöl und Wasserkräfte gibt, kann eine neue Waffe gegen das Herz der faustischen Kultur geschmiedet werden. Hier beginnt die Rache der ausgebeuteten Welt gegen ihre Herren. Mit den unzähligen Händen der Farbigen, die ebenso geschickt und viel anspruchsloser arbeiten, wird die Grundlage der weißen wirtschaftlichen Organisation erschüttert. Der gewohnte Luxus des weißen Arbeiters gegenüber dem Kuli wird zu seinem Verhängnis. Die weiße Arbeit selbst wird überflüssig. Die gewaltigen Massen auf der nordischen Kohle, die Industrieanlagen, das angelegte Kapital, ganze Städte und Landstriche drohen der Konkurrenz zu erliegen. Das Schwergewicht der Produktion verlagert sich unaufhaltsam, nachdem der Weltkrieg auch der Achtung der Farbigen vor dem Weißen ein Ende gemacht hat. Das ist der letzte Grund der Arbeitslosigkeit in den weißen Ländern, die keine Krise ist, sondern der Beginn einer Katastrophe.

Für die Farbigen aber — die Russen sind hier immer einbegriffen — ist die faustische Technik kein inneres Bedürfnis. Nur der faustische Mensch denkt, fühlt und lebt in ihrer Form. Sie ist ihm seelisch nötig, nicht ihre wirtschaftlichen Folgen, sondern ihre Siege: navigare necesse est, vivere non est necesse. Für „Farbige" ist sie nur eine

Waffe im Kampf gegen die faustische Zivilisation,
eine Waffe wie ein Baumast im Walde, den man
fortwirft, wenn er seinen Zweck erfüllt hat. Diese
Maschinentechnik ist mit dem faustischen Menschen zu Ende und wird eines Tages zertrüm-
mert und vergessen sein — Eisenbahnen und
Dampfschiffe so gut wie einst die Römerstraßen
und die chinesische Mauer, unsere Riesenstädte
mit ihren Wolkenkratzern ebenso wie die Paläste
des alten Memphis und Babylon. Die Geschichte
dieser Technik nähert sich schnell dem un-
ausweichlichen Ende. Sie wird von innen her ver-
zehrt werden wie alle großen Formen irgendeiner
Kultur. Wann und in welcher Weise wissen wir
nicht.

Angesichts dieses Schicksals gibt es nur eine
Weltanschauung, die unser würdig ist, die schon
genannte des Achill: Lieber ein kurzes Leben voll
Taten und Ruhm als ein langes ohne Inhalt. Die
Gefahr ist so groß geworden, für jeden einzelnen,
jede Schicht, jedes Volk, daß es kläglich ist, sich
etwas vorzulügen. Die Zeit läßt sich nicht anhalten;
es gibt keine weise Umkehr, keinen klugen Ver-
zicht. Nur Träumer glauben an Auswege. Optimismus ist Feigheit.

Wir sind in diese Zeit geboren und müssen tapfer den Weg zu Ende gehen, der uns bestimmt ist. Es gibt keinen andern. Auf dem verlorenen Posten ausharren ohne Hoffnung, ohne Rettung, ist Pflicht. Ausharren wie jener römische Soldat, dessen Gebeine man vor einem Tor in Pompeji gefunden hat, der starb, weil man beim Ausbruch des Vesuv vergessen hatte, ihn abzulösen. Das ist Größe, das heißt Rasse haben. Dieses ehrliche Ende ist das einzige, das man dem Menschen nicht nehmen kann.

Weitere Bücher von Arktos:

Bücher auf Deutsch:

Jahre der Entscheidung
Oswald Spengler

Preußentum und Sozialismus
Oswald Spengler

Bücher auf Englisch:

Beyond Human Rights
Alain de Benoist

The Problem of Democracy
Alain de Benoist

Germany's Third Empire
Arthur Moeller van den Bruck

The Arctic Home in the Vedas
Bal Gangadhar Tilak

Revolution from Above
Kerry Bolton

The Fourth Political Theory
Alexander Dugin

Metaphysics of War
Julius Evola

*The Path of Cinnabar:
An Intellectual Autobiography*
Julius Evola

Archeofuturism
Guillaume Faye

Why We Fight
Guillaume Faye

Convergence of Catastrophes
Guillaume Faye

The Initiate: Journal of Traditional Studies

The WASP Question
Andrew Fraser

The Saga of the Aryan Race
Porus Homi Havewala

The Owls of Afrasiab
Lars Holger Holm

De Naturae Natura
Alexander Jacob

Fighting for the Essence
Pierre Krebs

Can Life Prevail?
Pentti Linkola

Morning Crafts
Tito Perdue

A Handbook of Traditional Living
Raido

The Agni and the Ecstasy
Steven J. Rosen

*The Jedi in the Lotus: Star Wars
and the Hindu Tradition*
Steven J. Rosen

It Cannot Be Stormed
Ernst von Salomon

Tradition & Revolution
Troy Southgate

Against Democracy and Equality
Tomislav Sunic

Made in the USA
Monee, IL
07 July 2026